Vorwort

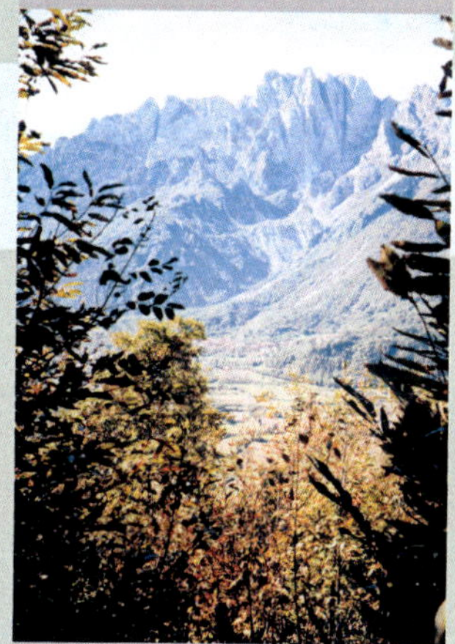

Diese jüngste Publikation von Günther Grünig widmet sich den Felsbildern des Val Camonica in der norditalienischen Provinz Lombardei.

Mit über 300.000 Felsbildern auf ziemlich engem geographischen Raum gehört das Val Camonica zu einer der an Felsbildern reichsten Regionen weltweit. Kein Wunder, daß diese Region bereits 1979 auf die Liste des UNESCO Weltkulturerbes aufgenommen wurde.

Bei den Felszeichnungen aus dem Val Camonica handelt es sich um gravierte und mehrheitlich in den Fels geschlagene Darstellungen. Die ältesten Felsbilder aus dem Val Camonica stammen vermutlich aus der späten Altsteinzeit. Die Mehrheit der Bilder stammt jedoch aus der Jungsteinzeit, vor allem aber aus der Bronze- und Eisenzeit und vereinzelt den darauf folgenden Epochen.

Sie zeigen nicht nur Tiere, sondern auch zahlreiche Menschendarstellungen. Im Gegensatz zur altsteinzeitlichen Höhlenkunst sind Szenen mit unterschiedlicher Thematik wiedergegeben und haben narrativen Charakter. Auch Hausformen, unterschiedliche Gegenstände (Dolche etc.) und Zeichen sind in den Felsen bildnerisch festgehalten worden. Somit reihen sich die Felszeichnungen aus dem Val Camonica gut in das Spektrum der bronze- und eisenzeitlichen Felsbildkunst aus dem alpinen Raum ein, auf die der Autor am Schluss noch eingeht.

Besonders verdienstvoll ist der Teil, in dem der Autor die unterschiedlichen einzelnen Stätten innerhalb des Val Camonica und ihre wichtigsten Darstellungen vorstellt.

Somit kann die vorliegende Publikation von Günther Grünig als praktischer und informativer Führer, unter anderem mit seinen Tipps zur Anreise, für eine Reise zu den Felszeichnungen des Val Camonica dienen.

Dipl.phil.nat. Ingmar M. Braun
Basel, im Februar 2012

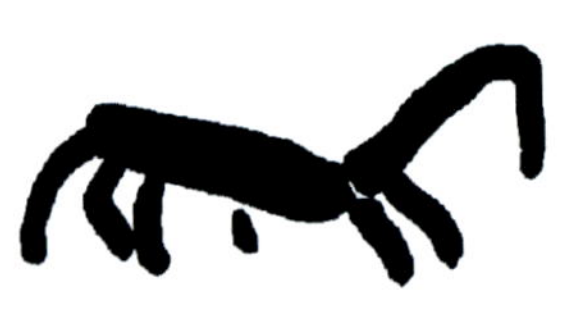

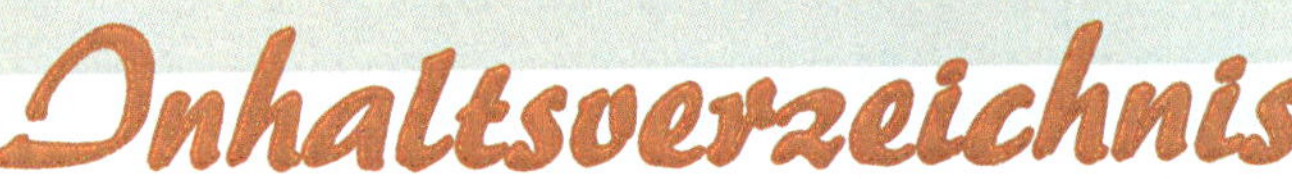

Inhaltsverzeichnis

Anreise

Lago Maggiore, Comer See und Gardasee sind weithin bekannt. Die Region wird wegen der Schönheit der Landschaft und des milden Klimas als Urlaubsgebiet geschätzt. Sie ist leicht von Norden her über die Autobahn und mit der Eisenbahn erreichbar. Weniger bekannt ist der Iseosee mit seiner reizvollen Landschaft. Der von Norden kommende Reisende muss zuerst die Bergbarriere überwinden, die sich in west-östlicher Richtung zwischen St. Moritz in der Schweiz und Edolo nördlich des Iseosee erstreckt. Eine Eisenbahnverbindung besteht zwischen St. Moritz und Edolo nicht. Edolo ist letzte Bahnstation von Süden her. Das dicht besiedelte Val Camonica erstreckt sich vom Iseosee in nördlicher Richtung bis nach Edolo. In Italien ist der der Schweiz am nächsten liegende Ort mit Bahnverbindung Tirano. Zwischen beiden Städten liegen 37 km, die mit dem Postbus oder Taxi überbrückt werden müssen. Da auch keine Autobahn zum Iseosee führt, werden viele Urlauber diese Region nicht aufsuchen.

Für an Archäologie Interessierte sind es die „Graffitti rupestri" (Felsgravierungen) des Val Camonica, die sie zur Reise veranlassen. Sie machen die etwas umständliche Anreise wett.

Die Mehrzahl der Reisenden wird sich dem Val Camonica von Süden her nähern. Ausgangspunkt der Reise wird fast immer die Stadt Brescia sein, deren Besuch schon wegen der antiken und mittelalterlichen Bauwerke lohnt.

Wer kein eigenes Auto besitzt, hat die Wahl zwischen Bahn und Bus, um entlang des Iseosees und weit über ihn hinaus ins Val Camonica zu gelangen. Eine privat betriebene Bahn fährt am Hauptbahnhof von Brescia ab. Die Fahrkarten sind aber an einem gesonderten Schalter zu kaufen.

Der Busbahnhof befindet sich rechts vor dem Bahnhof. Die Fernbusse nach Edolo bedienen auch alle anderen Orte im Val Camonica.

Über den Iseosee hinaus werden die meisten Urlauber nur bis Boario Terme fahren, um dort eine Kur zu machen oder bis Capo di Ponte, denn dort befindet sich das Zentrum der Felsbild – „Kunst".

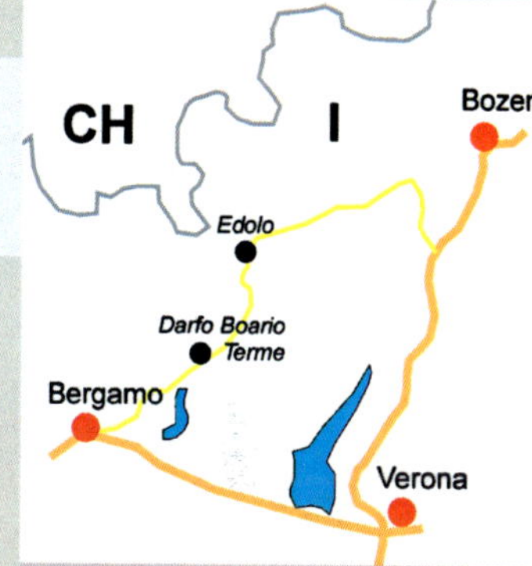

Wer als Ausländer am Busbahnhof eine Fahrkarte nach Capo di Ponte erbittet, wird vielleicht mit einem freundlichen Lächeln gefragt „per gli graffitti?" – „wegen der Felsritzungen ?"

Ein anderer Reisezweck nach Capo di Ponte erscheint den Leuten am Schalter schlechterdings kaum möglich.

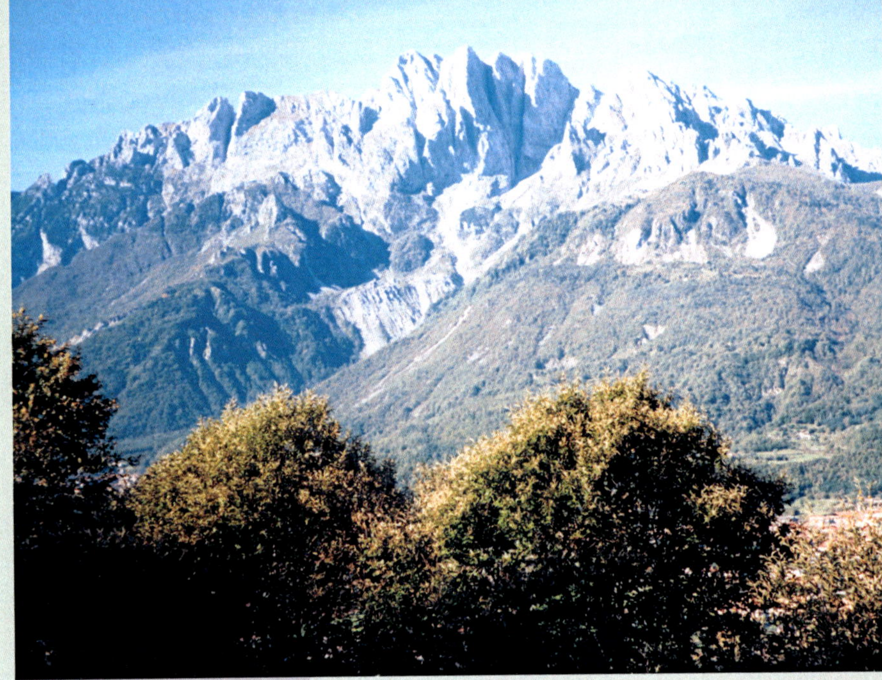

Blick vom Nationalpark Naquane über das Tal, in dem Capo di Ponte (rechter unterer Bildrand) liegt, nach Westen.

Der Besucher, der sich für die Bahn entscheidet, wird bis zum Iseosee die eindeutig schönere Landschaft zu sehen bekommen. Der Bus durchfährt dagegen zuerst die weit ausgedehnten wenig aufregenden Vorstädte von Brescia, ehe er freies Land erreicht. Bahnen und Busse fahren bis zum See auf erheblich voneinander abweichenden Routen, dann aber bis zum nördlichen Ende des Sees parallel nebeneinander her.

Am Nordende des Sees befindet man sich bereits so weit in der Bergregion, dass zumindest in der Ferne die Gipfel himmelhoch aufzuragen scheinen. Das Tal ist hier dicht besiedelt. Manchmal erstreckt es sich als weite, flache Ebene, gelegentlich treten aber die Berge auch wieder enger zusammen und bilden Schluchten. Schon bald hinter dem See wird der Kurort Boario Terme erreicht. Den wenigsten ist bekannt, dass schon dort das Gebiet der Felsbild – „Kunst" beginnt.

Noch weiß der Besucher, der sich die „*Incisioni rupestri*" (Felsritzungen oder Felsgravierungen) ansehen möchte, nicht eigentlich wirklich, was ihn erwartet – nämlich eines der größten Wunder des „Kunst"-Schaffens des prähistorischen Menschen.
Die Felsbilder, die es im Val Camonica im Umkreis vieler Orte gibt, sind sicherlich nicht entstanden, weil die Menschen, die sie auf meist flach liegenden Felsen hinterlassen, haben, „Kunst" schaffen wollten. Ein Gefühl für das, was heute als „Kunst" bezeichnet wird, hatten die Menschen in den Jahrtausenden vor Christi Geburt mit Sicherheit nicht.
Was sie schufen, haben sie aus kultischen Gründen getan, um auf diese Weise mit den 'Höheren Mächten' zu kommunizieren, ihnen Bitten vorzutragen oder sich ihrer Mitwirkung bei wichtigen Handlungen zu versichern.

Vorkommen und Verbreitung

Schwerpunkte der Felsbild-„Kunst“ sind das Val Camonica und der Mont Bégo in den französischen Seealpen. Im Val Camonica befinden sich mit über 300.000 Darstellungen die meisten der bisher gefundenen, am Mont Bégo im „Tal der Wunder“ rund 40.000.

Felsbild-„Kunst“ gibt es in weit geringerer Zahl auch an einigen anderen, z.T. weit entfernten Stellen in der Schweiz, in Österreich, am Südhang der Alpen in Italien, in den französischen Seealpen, in den Bergregionen der Abruzzen bei Aquasanta und Lunigiana und sogar im Triester und istrianischen Karst.

Es wäre allerdings falsch, anzunehmen, dass in allen Alpentälern derartige Darstellungen zu finden sind. Die meisten Gebiete sind „stumm“, d.h. es gibt dort keine Felsgravierungen. Es hat den Anschein, als sei die eigenartige und faszinierende Felsbildkunst nur an ganz bestimmten Stellen, gleichsam punktuell, entstanden. Warum es keine geschlossenen, also zusammenhängende Gebiete mit Fels-„Kunst“ gibt, obwohl sie an weit voneinander entfernten Orten vorkommt, ist eine jener brennenden Fragen, die bislang noch nicht gelöst werden konnten. Denkbar wäre natürlich ein Gedanken- und Ideentransfer vom Val Camonica (falls dort zuerst die Fels-„Kunst“ geschaffen worden sein sollte) zu anderen Gebieten, wo vielleicht reisende Priester oder Schamanen ihre religiösen Ideen hinterließen und andere anregten, in gleicher Weise die Kommunikation mit den Höheren Mächten zu suchen.

Ebenso könnte die Felsbild – „Kunst“ von anderen Regionen her erst ins Val Camonica hineingetragen worden sein. Doch woher? Und diese These gibt auch keine Lösung für das Phänomen, dass sich das Ideengut der „Kunst“ – Schaffenden nicht in alle Gebiete Norditaliens verbreitet hat. Es ist kaum vorstellbar, dass viele tausende von Jahren vor unserer Zeitrechnung Menschen Reisen von 500 oder 1000 km auf sich genommen haben sollten, um am Zielort ihr Gedankengut weiter zugeben, in den unmittelbar benachbarten Gebieten, die sie zuerst durchquerten, davon aber nichts hinterlassen haben.

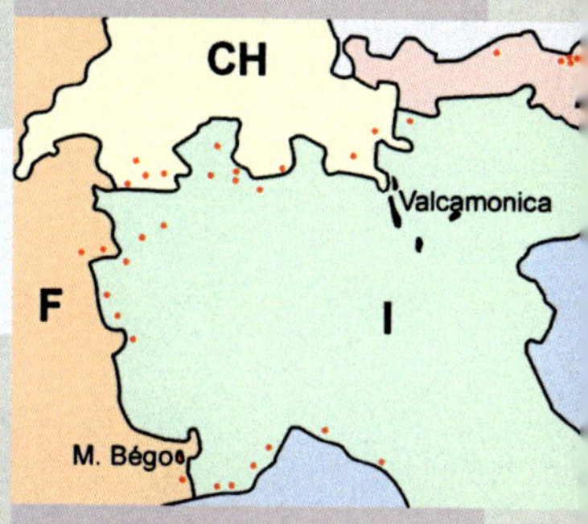

Fundstätten vorwiegend vorgeschichtlicher Felsritzungen in Norditalien und den angrenzenden Regionen.

Nicht außer Acht gelassen werden darf auch die Forschungssituation. Nach den ersten Funden von Felsgravierungen im Val Camonica sind die Berghänge rund um das Tal äußerst intensiv durchforscht worden, um weitere Fundstellen zu entdecken – was ja auch in überreichlichem Maß gelungen ist. Andere Täler in den Alpen sind bisher nicht oder weit weniger intensiv unter den entsprechenden Aspekten untersucht worden. Vielleicht finden sich dort in der Zukunft auch „Incisioni rupestri", sodass der Eindruck, die „Kunst" gebe es nur an ganz bestimmten Stellen, verwischt.

Anderseits scheint es doch ziemlich klar zu sein, dass die Orte mit Felsbild „Kunst" ganz offenbar besondere, wohl „heilige" Orte waren, „Kultstätten", zu denen sich die Menschen jener Zeit begaben, um ihre Wünsche, Bitten und Vorstellungen in geeigneter Weise und an richtiger Stelle an die Höheren Mächte heranzutragen. Darauf weist der heute nicht mehr existierende Kultbezirk auf dem Plateau von Ossimo – Borno hin, die Konzentration auf eng begrenzte Regionen, sowie die geographische Lage der Stellen, an denen die „Kunst" – Werke entstanden sind.

Im Val Camonica ist es die geradezu unglaubliche Zahl von mehr als 300.000 bisher entdeckten Felszeichnungen, die darauf hinweist, dass dort ein geistiges Zentrum, ein religiöser Brennpunkt, bestand. Die große Zahl der Gravierungen steht in keinem Verhältnis zu der geringen Zahl der damaligen Bewohner des Tals.

Das Val Camonica muss deshalb über Jahrtausende hinweg eine Art Wallfahrtsort, ein riesiger Kultbezirk, gewesen sein. Kultbezirke ähnlicher Art gab es ja an sehr vielen Orten auf der Welt. Zu denken ist an die Gegend um Stonehenge und Avebury, wo in der Megalithzeit gewaltige Kultanlagen angelegt wurden oder auch an die Gegend um Carnac in der Bretagne, (Frankreich) mit ihren kilometerlangen Alignements und den vielen anderen Kultbauwerken. Auch in jüngerer Zeit gibt es Stätten solcher Art: Die Orakelstätte Delphi in Griechenland, Rom, die Hochebene von Nazca in Südamerika, die Kultstätten von Petén, Palenque u.a. in Mexiko, Guatemala und Belize und viele andere.

Am Mont Bégo ist in sehr großer Höhe in einer mehr als unwirtlichen Gegend eine Vielzahl (mehr als 40.000) von Gravierungen entstanden, an Orten, die niemand ohne sehr triftigen Grund aufsuchen würde. Noch heute ist es für Leute, die über keine bergsteigerische Erfahrung verfügen, praktisch unmöglich, überhaupt zu den Fundstellen zu gelangen. Sie befinden sich weitab jeder menschlichen Siedlung und sind nur nach stundenlangen anstrengenden Wanderungen zu erreichen. Wenn in grauer Vorzeit dieser Ort trotzdem häufig aufgesucht wurde, um dort Gravierungen zu schaffen, müssen wichtige Gründe vorgelegen haben, es gerade dort und nicht an einem einfacher zugänglichen Ort zu tun. Die einzig denkbare Erklärung ist, dass es ein „heiliger" Ort gewesen sein muss, ein Kultbezirk von ganz außerordentlicher, herausragender Bedeutung, den nur der aufsuchte, der von tiefer Inbrunst und unbeirrbarem Glauben erfüllt war.

Es ist klar, dass es Kultbezirke von so hoher Bedeutung nur an ganz wenigen Orten gegeben haben kann. Menschen, die solche Kultorte aufsuchten, kamen z.T. von sehr weit her. Vielleicht war es für sie so etwas, wie die „Hadsch“ der gläubigen Muslime nach der heiligen Stadt Mekka, die von den meisten ja nur einmal im Leben unternommen wird. Sollten diese Vorstellungen sich als zutreffend erweisen, sind auch in Zukunft an den zwischen diesen Kultbezirken liegenden Orten, also den bislang „stummen“ Plätzen, kaum weitere Funde von Felsbild – „Kunst“ zu erwarten.

Der Hypothese von den Kultbezirken entspricht, daß es sich bei den meisten – vielleicht sogar bei allen – „Graffitti rupestri“ (Felsgravierungen) bzw. „Incisioni rupestri“ (Felseinritzungen) um Darstellungen offenbar religiösen Inhalts handelt. Wenn auch Waffen und Krieger in der Felsbild – „Kunst“ besonders der Bronze – und Eisenzeit einen breiten Raum einnehmen, so kann doch unterstellt werden, dass es auch hier nicht um die bloße Darstellung einer Waffe oder eines Kämpfenden ging, sondern um die tiefere, innere Bedeutung des Gegenstands bzw. der Person.

Technik

Die Darstellungen sind in die Felsen graviert oder eingeschlagen worden.
Bei der direkten Hammerschlagtechnik schlug der Ausführende mit einem spitzen Stein direkt auf die zu bearbeitende Fläche. Dadurch erzielte er eine Vertiefung im Fels. Linien bildete er, in dem er in dichter Folge Vertiefung neben Vertiefung setzte. Die Linien verlaufen unregelmäßig, das eingeschlagene Muster wirkt oft wie ausgebrochen, denn nicht selten splitterte der Fels unter den starken Schlägen.
Eine etwas feinere Methode war die indirekte Hammerschlagtechnik. Hierbei wurde ein Stein mit seiner Spitze auf die zu bearbeitende Fläche aufgsetzt und dann mit einem weiteren Stein auf den aufgesetzten Stein geschlagen.
Die sauberste und eleganteste Methode ist die sog. „Graffitti-Technik“. Hierbei hat der „Künstler“ mit einem Stein- oder (später) Metallwerkzeug graviert, wodurch mit der Zeit das sog. „Polissoir“ entstand. Die Ränder der Rinne, die sich durch diese Arbeitsweise bildete, wurden sauber glatt geschliffen. Die nun vorliegende V-förmige Rinne wird als „Solco continuo“ bezeichnet.

Dem aufmerksamen Betrachter wird ziemlich schnell klar sein, welche der Darstellungen durch Hammerschlagtechnik und welche durch Auskratzen und Polieren entstanden sind.

Zeitstellung

Epipaläolithikum Protoneolithikum	8500 - 5500 v. Chr.	Proto-Camunen, Ureinwohner des Tals
Neolithikum	5500 - 3300 v. Chr	
Spätneolithikum, Kupferzeit	3300 - 2500 v. Chr.	Einwanderung von Indoeuropäern
Bronzezeit	2500 - 1200 v. Chr.	
Eisenzeit	1200 - 16 v.Chr.	endet mit der römischen Eroberung

Die Gravierungen sind während eines Zeitraums von mehr als 8.000 Jahren entstanden, daher gehören sie recht unterschiedlichen Stilrichtungen an.

Nicht nur die Stilrichtungen, auch das Bildrepertoire hat sich während dieser langen Zeiträume beträchtlich gewandelt, nicht zuletzt auch wegen geänderter klimatischer Bedingungen, die dazu führten, dass die Bevölkerung im Tal zahlreicher wurde und ein Wechsel von der Jagd und dem Sammeln von Beeren und Früchten hin zu Ackerbau und Viehzucht erfolgte.

Dieser Wechsel veränderte auch die religiösen Anschauungen. Die Menschen setzten neue Prioritäten. Dinge wurden für sie wichtig, die sie vorher überhaupt nicht gekannt oder denen sie keine große Bedeutung beigemessen hatten.

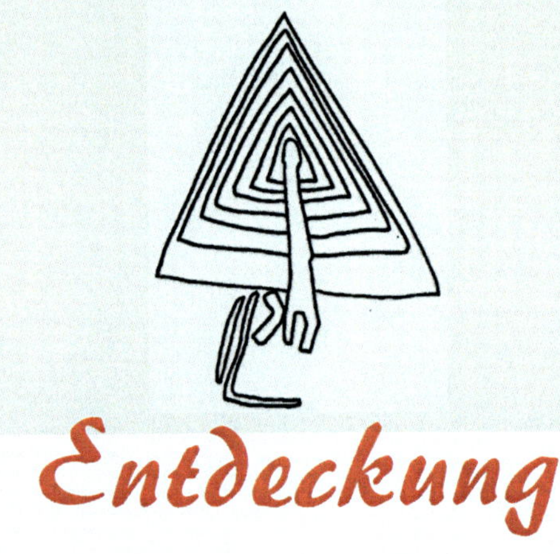

Entdeckung

Überall in der Welt gibt es Felsbildkunst, entweder in Gestalt von Malerei oder von Gravierungen. Die ersten materiellen Manifestationen menschlichen Geistes auf diesem Gebiet finden sich bereits in der Eiszeit. Sie sind vor etwa 30.000 Jahren in Höhlen in Südfrankreich und Spanien entstanden, manchmal in deren Eingangsbereich, meist aber auch tief im Erdinneren.

In Portugal, in der Umgebung der Stadt Foz Cóa, sind erst in jüngster Zeit eiszeitliche Felsgravierungen im Freien an den Vertikalseiten von Felsen gefunden worden.

Erst ab etwa 8.000 v. Chr. verließen die Menschen die Grotten, die für sie Sanktuarien gewesen waren und begannen zunehmend im Freien zu gravieren oder zu malen..

Die „Künstler“ des Val Camonica und der anderen Fundorte nacheiszeitlicher „Kunst“ in den verschiedenen Alpenregionen nutzten die mehr oder weniger ebene Oberfläche flach auf dem Boden aufliegender Felsbrocken für ihre Darstellungen. Einige der Gravierungen im Val Camonica sind schon sehr lange bekannt. Die Leute der Umgebung nannten sie respektlos „Pitoti“, Hampelmänner. Es muss zugegeben werden, dass insbesondere die oft vorkommenden „Adoranten“ (Anbetende) mit ihren schematisch dargestellten Körpern, den gespreizten Beinen und den scheinbar hilflos erhobenen Armen in ihrer Gestaltung stark diesem Kinderspielzeug ähneln. Die (natürlich völlig falsche) Benennung ist durchaus zu verstehen. Die (modernen) Menschen des Tals wussten nicht, was sie da wirklich vor sich hatten – insbesondere hatten sie keine Ahnung vom hohen Alter der Darstellungen und ihrer kulturhistorischen Bedeutung.

Als offizieller Zeitpunkt der „Entdeckung“ der Felsbilder im Val Camonica gilt das Jahr 1909. Dabei bezeichnet die Formulierung „entdeckt“ oder „erstmals entdeckt“ nicht etwa den Zeitpunkt, an dem Menschen die Felszeichnungen wirklich erstmals gesehen haben, denn wie ausgeführt, waren die „Incisioni rupestri“ ja seit langem allgemein bekannt. Im wissenschaftlichen Sinn „entdeckt“ werden Kunstwerke erst dann, wenn erkannt wird, worum es sich handelt, wie alt sie etwa sind und welches ihr kulturhistorischer Ursprung ist. Gerade bei der Altersbestimmung kam es in der Anfangszeit zu gravierenden Fehlern, denn vor etwa 100 Jahren kannte noch niemand die verfeinerten Methoden, das Alter eines Fundgegenstands exakt zu bestimmen, die uns heute zur Verfügung stehen.

Altamira wird als die erste Höhle mit eiszeitlicher „Kunst“ angesehen, die als solche entdeckt wurde. Ein Edelmann aus der Umgebung, Herr Sautuola, hatte zusammen mit seiner kleinen Tochter die Grotte Altamira bei Santillana del Mar in Nordspanien eingehend untersucht, weil er dort zuvor zahlreiche Artefakte (Geschossspitzen, Harpunen usw.) gefunden hatte. Erst seine Tochter machte ihn auf die Bilder aufmerksam, als sie erstaunt rief „Papa, sieh nur: Ochsen, viele Ochsen“. Sautuola war der Erste, der nach eingehendem Studium der Bilder zutreffende Schlüsse zog und der staunenden Fachwelt berichtete, dass er eiszeitliche Malerei gefunden habe und die These von den malenden gelangweilten Hirten zu verwerfen sei.
Nur am Rand sei bemerkt, dass ihm Hohn und Spott im Unmaß entgegen schlugen und man sogar so weit ging, seine Ehrenhaftigkeit anzuzweifeln. Erst sehr viel später, nach seinem Tod, wurde klar, dass

Auch bei der eiszeitlichen Höhlenmalerei haben die Bewohner der Umgebung schon lange gewusst, dass es im Inneren der Höhlen Malereien und/oder Gravierungen gibt. Es fanden sogar zu bestimmten Grotten regelrechte „Wallfahrten“ statt, um das eigenartige „Bestiarium“ (Ensemble von Tieren) zu bestaunen, dass man dort an Wänden und Decken bewundern konnte. Allgemein herrschte aber die Ansicht vor, die Malereien seien das Produkt gelangweilter Ziegenhirten, die ihre Tiere in den Höhlen untergebracht und sich damit die Zeit vertrieben hätten.

Bei etwas Nachdenken hätten den Leuten aber auffallen müssen, dass oft Tiere dargestellt waren, die seit Jahrtausenden ausgestorben waren bzw. zumindest in Europa nicht mehr vorkamen.

Viele der erfassten „Graffitti" sind inzwischen wieder verloren gegangen, selbst solche, die durch Fotos in Büchern und Artikeln dokumentiert worden waren. Das erscheint zunächst fast unglaublich, aber doch einleuchtend, wenn bedacht wird, dass – besonders in der Frühphase der Erforschung – die Fundstellen oft nur ziemlich grob lokalisiert worden waren. Schon bald nach Freilegung und wissenschaftlicher Erforschung holte sich die Natur das Ihre wieder zurück. Der Pflanzenwuchs legte sich wieder über die Fundstellen, die ohne exakte Fundortbeschreibung heute nur durch Zufall wieder auffindbar sind.

Sautuola all die Zeit Recht gehabt hatte, als er die „Kunst" – Werke als sehr alt, sicher aus der Eiszeit stammend, angesehen hatte.

Im Val Camonica war es nicht anders. Viele kannten die Gravierungen, keiner zog richtige Schlüsse. Erst als der Geograph Walter Lang aus Brescia von der Entdeckung von Gravierungen an den Vertikalseiten zweiter Felsblöcke am Ortsrand von Capo di Ponte berichtete, reisten auch andere Wissenschafter zum Fundort und untersuchten die Felsblöcke sorgfältig. Sie ermittelten, dass die beiden Brocken vor vielen Jahrtausenden bei einem Felssturz aus großer Höhe herabgefallen sein mussten und später von den früheren Bewohnern der Umgebung für die Darstellung von Tieren und Waffen genutzt wurden. Die Gesteinstrümmer sind allgemein als „Massi di Cemmo" bekannt.

Nun erkannte man auch, dass die Gravierungen sehr alt waren – im Fall der „Massi di Cemmo" etwa 4.000 bis 5.000 Jahre. Daraufhin setzte eine beispiellose Suche nach weiteren „Incisioni rupestri" ein, deren Ergebnis bekannt ist. Bis heute wurden allein im Val Camonica mehr als 300.000 Darstellungen gefunden und katalogisiert.

Im Mittelalter müssen die meisten Fundstellen vorgeschichtlicher „Kunst" im Val Camonica frei gelegen haben, denn die Hänge waren nicht oder nur spärlich bewachsen. In den folgenden Jahrhunderten veränderte sich durch die Viehhaltung die Vegetation, so daß bald ein dichter Teppich aus Moosen, Farnen und anderen Pflanzen die gravierten Felsflächen verbarg. Das war sicher auch der Grund, dafür, dass Menschen des ausgehenden 19. Jahrhunderts kaum noch etwas von den „Graffitti Rupestri" oder den „Pitoti" wussten.
Erst nach dem Zufallsfund an den „Massi di Cemmo" setzte die Suche nach anderen potentiellen Fundstellen von „Kunst" der frühen „Cammunen" ein.

Nicht nur in der unmittelbaren Umgebung von Capo di Ponte wurde nach weiteren Fundstellen gefahndet. Man untersuchte auch die Bereiche um Nadro, Cimbergo, Paspardo, Sellero und Boario Terme. Zu Beginn des zweiten Weltkrieges kamen die Forschungen zunächst zum Erliegen, wurden aber Ende der 40er Jahre wieder aufgenommen.
Die Aktivitäten führten schließlich 1955 zur Schaffung des Felsbildparks von Naquane und 1964 zur Gründung des „Centro Cammuno di Studi Preistorici" durch Prof. Emanuele Anati.

Die frühesten Darstellungen

Gegen 10.000 v. Chr. waren die Gletscher, die als Zeugnisse der letzten großen Vereisung in Europa die Talgründe ausgefüllt hatten, weitgehend verschwunden. Zumindest der südliche Teil des Val Camonica war frei von Eis. Pflanzen konnten sich ansiedeln, ihnen folgten Tiere, die von ihnen lebten: Rotwild, Steinböcke, Elch. Ihnen wiederum folgten erste Gruppen von Jägern. Sie waren es, die die ersten Felsbilder im Val Camonica schufen.

Diese ältesten Manifestationen religiöser Vorstellungen finden sich auf den Oberflächen durch Eis glattgeschliffener eben aufliegender Felsen am Steilhang des Hügels Luine bei Boario Terme.

Die im subnaturalistischen Stil gehaltenen Darstellungen sind heute schwer auszumachen und nur noch ganz schwach zu erkennen. Angesichts des Alters von 10.000 Jahren und der ungeschützten, direkt Regen, Schnee und Wind ausgesetzten Lage verwundert das nicht.

Die Gravierungen zeigen relativ große Darstellungen von Hirschen, die von Lanzen durchbohrt sind. Solche Abbildungen fügen sich zwanglos in das Bildrepertoire Gesamteuropas jener Zeit ein. Um zu verstehen, warum nach dem Abtauen des Inlandeises, das sich während der Eiszeit über ganz Nordeuropa gelegt hatte, Tiere dargestellt wurden, die offenbar Jagdopfer waren, sei noch einmal ein Blick zurück in die Zeit der Höhlenmalerei – besonders des Magdalénien (ca 18.000 bis 12.0000 v.Chr.) gestattet.

In der Eiszeit sind in den Grotten Spaniens und Frankreichs zahllose Tiere dargestellt worden, teils gemalt, teils graviert. Auch anthropomorphe (menschenähnliche) Gestalten kommen vor, sowie – in sehr großer Zahl – abstrakte Darstellungen. Forscher früherer Zeiten haben die Tierdarstellungen als Ausdruck des Wunsches, Jagdglück zu erlangen, gedeutet. Es sei der an die Höheren Mächte herangetragene Wunsch gewesen, diese möchten den Jägern Erfolg bei ihrer Suche nach Tieren, deren Fleisch sie genießen konnten, bescheren.

Die Deutung dürfte allerdings kaum zutreffen, denn dann wären die Tiere als Opfer dargestellt worden, verwundet, tot, ausgeweidet oder im Moment des Erlegtwerdens.

In der Vergangenheit waren die Alpen wiederholt von Vereisungen mehr oder minder großer Mächtigkeit betroffen. Zeugnisse dieser Veränderungen sind neben der U-Form der Täler die Moränenablagerungen auf dem Talgrund und die Abtragung des Verrucaoni – Lombardo – Sandsteins, der dort weit verbreitet ist.

Es gibt richtige Tierfriedhöfe mit eindeutig auf eine Schlachtung hinweisenden Indizien. In Mittelfrankreich gibt es östlich der Rhone einen steil aufragenden Felsen, der zum Fluss hin ein Hochplateau begrenzt. Auf diese Felswand sollen Menschen der Eiszeit immer wieder Wildpferdeherden getrieben haben, bis die in Panik dahinstürmende Herde in den Abgrund stürzte. Unten wurden die Tiere dann ausgeweidet. Das Fleisch wurde sofort gegessen oder durch Trocknen haltbar gemacht. Mehr als 100.000 Pferdeskelette lassen eine Funktion dieses Felsens als vorgeschichtlichen „Schlachthof" vermuten. Auch Mammuts und andere Tiere erlitten ein ähnliches Schicksal.

Die Tiere wurden im Gegenteil unversehrt, in beinahe ehrender Weise, dargestellt. Die natürliche Würde der Kreatur ist oft unverkennbar. Sie scheinen für die Ewigkeit geschaffen, keinesfalls werden sie als armselige Opfer menschlicher Begierlichkeit gezeigt.

Der Mensch der Eiszeit war zweifellos der Natur sehr viel mehr verbunden, als es der heutige Mensch ist. Er fühlte sich als Teil der Natur. Tiere waren für ihn nicht Lebewesen minderer Ordnung, sondern gleichberechtigte, die Natur ebenso wie er selbst gestaltende Produkte der Schöpfung, gleichsam „Brüder" der Menschen.

Unzweifelhaft mußte der Mensch Tiere jagen, um sich von ihnen zu ernähren. Die Menschen, die einerseits die Tiere als ihnen sehr nahe verwandte Lebewesen ansahen, andererseits aber auch auf ihr Fleisch als Nahrung angewiesen waren, mögen das Gefühl gehabt haben, mit dem Töten der Tiere das Gleichgewicht der Natur in schwerer Weise beeinträchtigt, an dem Tier ein Unrecht begangen zu haben. Es galt nun, das begangene, aber unvermeidbare Unrecht zu sühnen, den Frevel wieder gutzumachen. Der Mensch musste das Tier in irgendeiner Weise wieder zum „Leben" erwecken oder ihm zumindest ein Fortleben nach dem Tod in einer anderen transzendentalen Welt sichern. Das konnte am besten und in geeignetster Weise an einem „heiligen" bzw. „geweihten" Ort geschehen.

Der geeignetste Ort war das Dunkel der Erde, der Schoß der Natur, aus der nach Vorstellung des Menschen jener Zeit alles Leben hervorging und auch wieder in ihn zurückkehrte – auch das der Tiere.

Logisch ist auch, dass nun das getötete Tier nicht als erbärmliches zerfleddertes oder im Sterben begriffenes Opfer des Menschen dargestellt wurde, sondern in unversehrter, sogar ehrender Weise. Durch eine solche Darstellung konnte dem getöteten Tier seine natürliche Würde zurückgegeben werden, in dieser Gestalt konnte es vor seinen Schöpfer treten, Die durch den Menschen beeinträchtigte Harmonie der Natur war wieder hergestellt. Mensch und Tier konnten weiterhin neben- und miteinander leben.

Später änderten sich die Anschauungen ganz entscheidend. Der Mensch malte nicht mehr in Höhlen, er ging ans Licht und wirkte dort, vornehmlich unter senkrecht abfallenden überhängenden Felswänden, den Abris. Es finden sich nun Abertausende von Darstellungen, deren Inhalt und Gestaltung ganz eindeutig auf die Erlangung von Jagdglück gerichtet ist. Die Tiere werden in dem Moment bildlich erfasst, in dem sie von Speeren oder Pfeilen getroffen werden. Sie brechen zusammen, Blutströme schießen manchmal aus ihren Mäulern oder Leibern. Nicht die geringste Andeutung eines Unrechtbewusstseins des Jägers ist zu erkennen, auch nicht

der Versuch, begangenes „Unrecht“ durch eine ehrende Abbildung des Opfertieres zu sühnen.
Da die „Kunst“, von der hier die Rede ist, sich gehäuft im Osten Spaniens findet, wird sie als „Levantekunst“ bezeichnet (Levante = Osten). Ihre Blüte erlebte sie gegen 8.000 v. Chr.

In deren Kontext fügt sich zwanglos die epipaläolithische „Kunst“ des Val Camonica ein. Auch hier wird das Tier als Jagdopfer dargestellt. Die Darstellungen wurden von den ersten Wildbeutern und Sammlern, die ins Val Camonica kamen, geschaffen. Das Klima war im Val Camonica zunächst kalt, später heiß und trocken. Bald schon kam es zur ständigen Nutzung durch möglicherweise noch halbnomadische Menschengruppen. Auf der Burg von Breno bestand z.B. schon sehr früh ein spätaltsteinzeitlicher Schlachtplatz und in Foppe di Nadro lebten zahlreiche Generationen offenbar unter einem Abri. Das beweisen die dort gefundenen Werkzeuge aus Silex, die aus dem Mesolithikum, also aus der Mittelsteinzeit, stammen dürften.
An den Siedlungsplätzen hielten die Menschen sich offenbar nur sporadisch auf. Im Wesentlichen war ihr Leben offenbar von nomadenhaftem Handeln bestimmt. Möglicherweise bildeten sich erste Clan-Strukturen im Laufe der Zeit heraus. Die spärlichen Gravierungen zeigen, dass sie Jagdriten und Totemismus ausübten.

Allerdings muss bezweifelt werden, dass es einen direkten geistig-kulturellen Austausch zwischen den Bewohnern ostspanischer Gebiete und den frühen Cammunen gegeben hat. Tendenziell bestehen aber sicher Verbindungen. Wahrscheinlich sind Analogien das Ergebnis der großen, sich allerdings nur langsam ausbreitenden geistigen Strömungen jener Zeit, durch die Ideen, Anschauungen und religiöse Vorstellungen letztlich über fast ganz Europa verbreitet wurden.
Es kann kaum Zufall sein, dass sich unabhängig voneinander an so unterschiedlichen Orten, wie Ostspanien und Norditalien die gleichen Vorstellungen über die Erlangung von Jagdglück von den Höheren Mächten durch entsprechende „künstlerische“ Darstellungen herausgebildet haben könnten. Eine gesamteuropäische Strömung durfte durchaus vorgelegen haben.
Auch ohne enge Kontakte kann es auf derselben Entwicklungsstufe unter ähnlichen äußeren Bedingungen zu ähnlichen Manifestitionen des menschlichen Geistes gekommen sein.

Hier sei noch einmal daran erinnert, dass die frühe „Kunst“ nicht etwa um ihrer selbst willen geschaffen wurde (L’Art pour l’art), sondern allein als Mittel der Verständigung zwischen Mensch und Höheren Mächten.

Sicherlich gehört es zu den Grundanliegen des Menschen, nicht nur Basisbedürfnisse (Essen, Trinken, Fortpflanzung) zu befriedigen, sondern auch auf geistigem Gebiet kreativ tätig zu werden. Der Drang, seine Gedanken, Gefühle und Wünsche in einer Art auszudrücken, die wir Heutigen als „künstlerisch“ bezeichnen, dürfte ubiquitär bei allen zur Gruppe Homo sapiens sapiens gehörenden Individuen mehr oder minder stark ausgeprägt vorhanden sein.
Erst seit kurzem können wir ähnliche Ansätze auch beim Homo sapiens, zu dem u.a. der Neandertaler zählt, vermuten. Dieser hat, soweit wir bislang wissen, nur wenig hervorgebracht, was dem „künstlerischen“ Tätigwerden des „Jetztzeitmenschen“ ähnelt.

Jungsteinzeit und Bronzezeit

Bocca quadrata Keramik

Wahrscheinlich wurde die Sonne als Gottheit verehrt. Sie ist sehr häufig dargestellt. Zu den Gottheiten rechnen nicht wenige Wissenschaftler auch geflügelte Wesen, die Bienen oder Schmetterlinge darstellen könnten. Sie ähneln stark spätneolithischen Darstellungen verschiedener Kulturen des Balkans.

Den ersten Siedlern folgten bereits Ackerbau und Viehzucht betreibende neolithische Gruppen, die wohl zum Kulturkreis der norditalienischen „Bocca-Quadrata – Kultur" gehörten. Sie waren wahrscheinlich die Urheber der Felsbilder im mittleren Val Camonica, in Campine, Foppe di Nadro, Naquane, Valle und Dos Sulif.

Zu den bereits bekannten Waffen hatten sich Steinbeil und Axt gesellt.
In der „Kunst" wurden häufig die sog. „Adoranten" dargestellt. Figuren dieser Art mit senkrechtem Strich zwischen den Beinen dürften männliche Adoranten gewesen sein, solche mit einem Punkt weibliche. Gegen Ende dieser Periode wurden große, menschengestaltige Idole geschaffen.

In außerordentlich großer Zahl kommen „Paletten" bzw. „Schaufeln" vor – oft in Verbindung mit Adoranten, wobei allerdings nicht gesichert ist, ob beide Darstellungen tatsächlich zeitgleich entstand sind und somit von einem Sinnzusammenhang auszugehen ist. Ihre Bedeutung ist bis heute unbekannt. Viel spricht für die Annahme, es handele sich um Gegenstände mit magisch – symbolischer Bedeutung. Ob es einfach nur die Darstellung realer Objekte (Spaten, Paddel, Spiegel) ist, muss bezweifelt werden. Deutungen solcher Art orientieren sich zu sehr am vordergründig Realistischen.
Häufig wurden Kreise, Spiralen und Vertiefungen („Näpfchen") in die Felsen eingraviert oder eingeschlagen.
Allen neolithischen Darstellungen ist ein hoher Schematismus eigen. Nur das für die Art oder den Gegenstand Unentbehrliche oder Charakteristische wird dargestellt. Sehr gut ist das bei den Adoranten zu erkennen. Ganz typisch für eine Anbetungsszene ist die Stellung der Arme. Eine anders lautende Interpretation als „Adorant" erscheint praktisch kaum denkbar.

Das Gemeinschaftsleben der Cammunen war offenbar stark ausgeprägt. Eine große Rolle dabei spielten Prozessionen und Grabfeierlichkeiten. Die Frau scheint keine untergeordnete oder von Missachtung geprägte Rolle gespielt zu haben. Sie hat den ihr in der Gesellschaft zustehenden Platz offenbar innegehabt und auch zu wahren gewusst.

Gegen Ende des 4. Jahrtausend v. Chr. kam es im Val Camonica zu bedeutenden und tief einschneidenden Neuerungen im stilistischen und figurativen Bereich der „Kunst". Menhire wurden aufgestellt und die Vertikalseiten dieser Monolithen in z.T. geradezu verschwenderischer Art und Weise mit Monumentalkompositionen (Tiere, Waffen) verziert.
Geschaffen wurden diese „Kunst"-Werke von den in der ausgehenden Jungsteinzeit und der beginnenden Kupferzeit (3300 – 2500 v. Chr.) aus dem Osten eingewanderten Indoeuropäern.

Ihre Siedlungszentren waren die heutigen Orte Castello di Breno, Torbiere d'Iseo, Castelliere di Dos dell'Arca. Die entsprechenden „Kunst"-Werke finden sich insbesondere in Paspardo, Borno, Ossimo, Bagnolo di Malegno, Cemmo di Capo di Ponte, Corni Freschi, Luine Darfo.
Die Neuankömmlinge bildeten auf den Steinen Sonnensymbole, Äxte, 'Hellebarden', den Pflug, Hunde, Rinder, Ziegen und Schweine ab. Auf handwerklichem Gebiet schufen sie doppelspiralförmige Anhänger, Sonnensymbole, dreieckige Dolche und Flachäxte, wie sie für die frühe Metallzeit typisch sind. Mit dem Einzug der Metallbearbeitung ins Val Camonica, entstanden erste Gegenstände aus dem bislang unbekannten Material, auch Wagendarstellungen tauchten nun erstmals auf.

Aus den Gravierungen ist ersichtlich, dass die Zuwanderer an kosmische Ereignisse glaubten und bereits abstrakte Gottesvorstellungen hatten.

Es wird davon ausgegangen werden müssen, dass die Ureinwohner des Tals, auf die die Neuankömmlinge gestoßen waren, deren religiöse Vorstellungen übernommen und weiterentwickelt haben.

Auf die Kupfer- folgte die Bronzezeit. Im Val Camonica ist sie für die Zeit von etwa 2.500 bis 1.200 v.Chr. anzusetzen. Die Metallurgie wurde fortentwickelt. Es bildeten sich Handwerker-, Händler- und Militärstände heraus. In der Nähe von Kupferminen entstanden schon relativ früh Zentren der Metallverarbeitung. Der mit der Metallgewinnung und Verarbeitung einhergehende Wohlstand weckte sehr schnell die Begehrlichkeit anderer Gruppen, die über die entsprechenden Rohstoffe, Kenntnisse und Einrichtungen zur Metallverarbeitung nicht verfügten. Es galt daher, die Zentren der Metallurgie zu verteidigen. Zwangsläufig entstand eine Kriegerschicht. In der „Kunst" werden Waffen aber noch nicht als von Menschen getragene und genutzte Gegenstände dargestellt, sondern isoliert von ihnen. Daraus ist – sicherlich zu Recht – geschlossen worden, dass die Waffen für wichtiger als der Mensch selbst angesehen wurden.

Die Vorstellungswelt der Menschen der Kupferzeit im Val Camonica bestand offenbar aus drei Bereichen: Einem oberen mit Darstellungen transzendentalen Inhalts, einem mittleren, der das Irdische symbolisierte und einem unteren, der für die Unterwelt und den Tod stand. Diese Vorstellungswelt geht auch in anderen Regionen West- und Mitteleuropas auf den Einfluß indoeuropäischer Völker zurück.
Durch die von ihnen mitgebrachte Metallverarbeitung legten sie die Basis für die Entwicklung einer Klassengesellschaft. Ihre kosmologischen Vorstellungen wurden später von fast allen Hochreligionen übernommen.

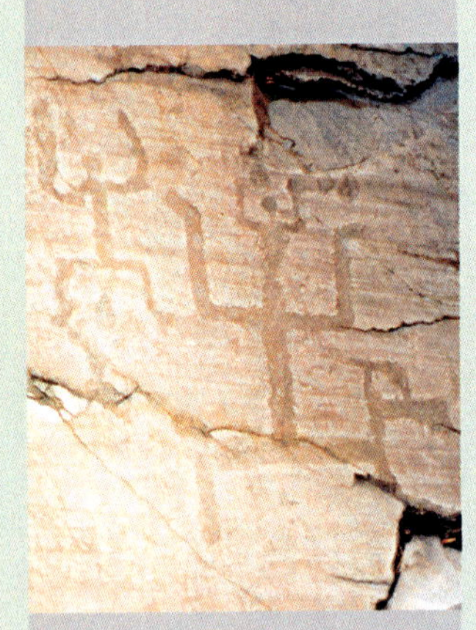

Mit der Zeit wurde der Stil der eisenzeitlichen Felsbilder immer dynamischer und erreichte einen hohen Grad an Realismus, der sich aber gegen Ende der Eisenzeit aufzulösen begann.

Die auf Felszeichnungen dargestellten Waffen sind oft riesengroß dargestellt und wenn sie denn einmal in Verbindung mit Menschen auftauchen, sind sie viel größer, als die Person, die sich ja mit ihrer Hilfe gegen Eindringlinge wehren soll.

Die Waffen wurden somit als vergöttlichte Gegenstände gesehen. Es wurden in jener Zeit aber auch friedlichere Aktivitäten der Menschen auf Bildern festgehalten: Wagen, Webstühle, Ackerbau. Nicht nur die Jagd, sondern auch der Ackerbau war voll entwickelt und von Bedeutung.

In der ausgehenden Bronze- und der nachfolgenden Eisenzeit war es im Val Camonica trocken und wesentlich kühler als zuvor. Siedlungen gab es in Luine di Darfo, Overe, Dos dell‘ Arzo, Dos Pitiglia, Rocca d'Iseo und Breno.

Felszeichnungen entstanden in Naquane, Bedolina, Seradina (Capo di Ponte), Foppe di Nadro, Ceto (Dos Cui) und Darfo (Luine). Waffen nehmen in der „Kunst" einen breiten Raum ein. Daneben gibt es Darstellungen des Handwerks und aus dem bäuerlichen Leben.

Eisenzeit

In der Eisenzeit entstehen nun auch bewegte Szenen, z.B. Zweikämpfe. Waffen werden jetzt in Verbindung mit den Menschen abgebildet, denen sie dienen sollen. Die Menschen handhaben die Geräte, die allerdings immer noch übergroß dargestellt werden. Es handelt sich dabei offenbar um Reminiszenzen an jene Zeit, in der die Waffe selbst göttliche Verehrung genoss. Krieger spielen in der Eisenzeit eine ganz bedeutende Rolle, es werden nun auch Gefangene gezeigt. Bauern treten nur noch vereinzelt und in untergeordneter Position auf. Die Frau scheint in eine Position sozialer Unterordnung abgedrängt zu sein.

Charakteristisch für die Eisenzeit ist, dass in der Landwirtschaft Pferde die Rolle der Rinder als Zugtiere übernommen haben.

Gebäude werden ebenfalls abgebildet. Ihre Darstellung entspricht aber nicht der Wirklichkeit. Sie ist flach und zeigt gleichzeitig das Innere, wie auch das Äußere des Hauses. Das gleiche Phänomen ist auch bei den Abbildungen von Zuggespannen zu beobachten. Der Wagen wird von oben gesehen, gleichsam aus der Vogelperspektive, die Zugtiere hingegen von der Seite. Ob es sich bei den Darstellungen von

Gebäuden wirklich um Wohnhäuser handelt, ist nicht klar. Vielleicht handelte es sich auch um Getreidespeicher – was allerdings wenig wahrscheinlich ist – oder um Tempel.
Neue Gottheiten erscheinen ebenfalls in der „Kunst“. Helden genießen göttliche Verehrung. Herausragend ist die Darstellung des mit einem Hirschgeweih versehenen Gottes Cernunnos.

Mit Glaubensvorstellungen sind auch bisher nicht in Erscheinung getretene Darstellungen verbunden, die jetzt erstmals auftauchen: Fußabdrücke, Labyrinthe, die „Rose von Cammuna“ (Rosa Camuna). Sie ist oft wie eine Svastika gestaltet. An Deutungen dieser Darstellungen mangelt es nicht. Welche zutreffen, erscheint zweifelhaft. Die Fußabdrücke wurden als Erinnerung an Pilgerbesuche gedeutet. Sie könnten auch die Anwesenheit einer Gottheit symbolisieren. Vielleicht sind aber auch kleine Abdrücke anlässlich von Initiationsriten für heranwachsende Jugendliche angefertigt worden. Bei den Labyrinthen glauben Wissenschaftler, Bezüge zur minoisch – mykenischen Kultur zu erkennen. Manche meinen, es könnte sich dabei auch um die Darstellung eines Kriegswettkampfs (das sog. Troia-Spiel) gehandelt haben.

In der Welt der Tiere tauchen nun erstmals Fische auf. Indiz dafür, dass der Fischfang, der vorher kaum eine Rolle gespielt haben dürfte, nun für die Bewohner des Tals große Bedeutung erlangt hatte – vielleicht, weil andere Nahrungsressourcen mittlerweise weitgehend erschöpft waren. Pflanzen wurden weiterhin nicht dargestellt. Bei den Menschendarstellungen treten vereinzelt sexuelle Handlungen (Kopulation) auf.

Gegen Ende der Eisenzeit wird der Einfluss der Etrusker unverkennbar. Sehr oft anzutreffen sind menschliche Gestalten, die den typisch etruskischen Helm tragen. Das muss indessen nicht bedeuten, dass hier etruskische Krieger verherrlicht wurden. Die Cammunen haben vielmehr öfters Raubzüge in die Poebene unternommen und nordetruskische Siedlungen überfallen und geplündert. Man wird daher mit einiger Begründung davon ausgehen müssen, dass die Cammunen den Etruskern feindlich gesonnen waren. Wenn diese gleichwohl in der „Kunst“ der Cammunen auftauchen – und zudem noch in großer Zahl – so sicherlich deshalb, weil man die Höheren Mächte dazu bestimmen wollte, Siege über den Gegner zu gewähren. Vielleicht sollten in dieser Weise auch bereits errungene Erfolge gegen die Etrusker gefeiert werden.
Es ist aber auch durchaus denkbar, dass die Cammunen Teile der Rüstungen – und eben auch die Behelmung – übernommen hatten, weil sie deren

Die Rose wird als Spielbrett, Musikinstrument, Sonnen- oder Mondsymbol gedeutet, von einigen Forschen auch als Geheimzeichen eines Krieger- oder Stammesbundes. Ein Geheimzeichen war die „Rose von Cammuna“ sicher nicht, denn wäre sie das gewesen, hätte man sie kaum häufig auf den Felsen dargestellt. Ein Totemzeichen für einen bestimmten Stamm mag sie vielleicht gewesen sein. Dagegen spricht allerdings, dass die „Rose“ in beinahe gleicher Gestalt auch in Großbritannien, Skandinavien und andernorts vorkommt. Dort können aber nicht Angehörige des gleichen Stammes gelebt haben.

Wenn dauerhafte Feindschaften zwischen Cammunen und Etruskern bestanden haben sollten, erscheint es unwahrscheinlich, daß Mitteilungen oder Gedanken des Gegners an Kultstätten in die Felsen graviert worden sein sollten. Vielleicht enthalten die Inschriften – von den Cammunen ausgeführt – Beschwörungsformeln, die darauf abzielen, den Feind, in dessen Sprache sie verfasst sind, zu vernichten?
Oder haben die Cammunen nur das etruskische Alphabet über nommen um ihrer eigenen Sprache schriftlichen Ausdruck geben zu können?

5000 v. Chr.	**Jungsteinzeit / Neolithikum**
3800 v. Chr.	
2800 v. Chr.	**Kupferzeit / Chalcolithikum**
2000 v. Chr.	**Bronzezeit**
1100 v. Chr.	
850 v. Chr.	**Eisenzeit**
16 v. Chr.	**römische Zeit**

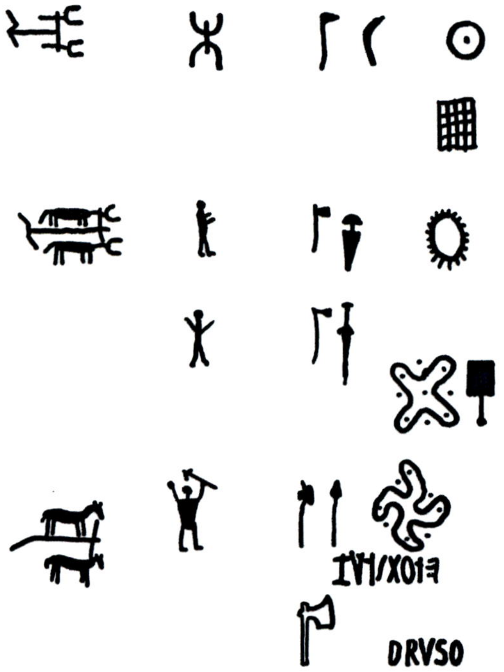

IVI/XOI
DRVSO

Vorteile erkannten. Dann handelte es sich um Cammunen, allerdings in etruskischer Rüstung.
Aus der etruskischen Kultursphäre stammen auch Inschriften in (nord) – etruskischem Alphabet. Leider sind sie nicht lesbar. Könnte man die Inschriften lesen, würden sie vielleicht Aufschluss darüber geben, warum sie vereinzelt an Kultplätzen der Cammunen zu finden sind.

Wahrscheinlich hat es trotz Feindschaft auch Zeiten mit wirtschaftlichen Kontakten, Handel, Kulturaustausch und gelegentlichen Heiraten zwischen den beiden Völkern gegeben, sodass man davon ausgehen kann, dass zumindest einige Cammunen auch der etruskischen Sprache mächtig waren.

Das Ende der Felsbildkunst

Zur Absicherung und als Pufferzone für das weitere Vordringen Roms im Norden eroberten 15 v. Chr. unter Kaiser Augustus die Feldherren Drusus und Tiberius die Gebiete der Räter und Vindeliker in den Alpen, nachdem bereits ein Jahr zuvor der Proconsul Publius Silius Nerva die Triumpler, Cammunen und Vennoneter unterworfen hatte. Viel Widerstand haben die Cammunen den Römern wohl nicht entgegensetzen können. Sie wurden brutal unterworfen und zu Vasallen, sog. „Verbündeten" Roms gemacht.

Die Felsbildkunst endete aber nicht mit der Ankunft der Römer. Im 1. und 2. Jahrhundert n. Chr. setzte sich ein neuer, sehr naturalistischer Stil durch.

Vor allem wurden nun Waffen und Menschen mit Waffen dargestellt. Es finden sich häufig „Superpositionen", d.h. Gravierungen, die über schon vorhandene, ältere Darstellungen gelegt wurden. Das Wirken an immer wieder gleicher Stelle legt nahe, dass es sich um 'geweihte' oder „heilige" Stellen handelte. Nur dort konnte der magische Zweck, der mit dem Malen oder Gravieren verbunden war, erfüllt werden.

In solchen Fällen finden sich in der Nähe praktisch immer Flächen, auf denen auch gemalt oder graviert hätte werden können – es ist aber nicht geschehen. Möglich ist auch, daß es sich um eine Geister abwehrende Neueinweihung oder eine „Besitzübernahme-Weihe" gehandelt hat, oder dass damit ältere Glaubensinhalte unwirksam gemacht werden sollten. So finden sich z.B. auch im Val Camonica neben „heidnischen" Darstellungen eingravierte Kreuze oder schematische Darstellungen von Kirchen.

So kann es schon in vorgeschichtlicher Zeit sehr häufig vorgekommen sein, dass aufgrund geänderter Anschauungen der Sinngehalt oder die Bedeutung älterer Darstellungen verloren gegangen war, nicht aber das Wissen um die 'Heiligkeit' des Ortes. Also verstand es sich von selbst, dass wieder dort gearbeitet wurde, wo es schon die Ahnen getan hatten. Dabei ist es nicht von Belang, ob die alten Darstellungen noch eine gewisse Relevanz besaßen oder bedeutungslos geworden waren. Der Wert der neuen Darstellungen wurde in keiner Weise dadurch beeinträchtigt, dass sie auf bereits „genutztem" Grund ausgeführt worden waren.

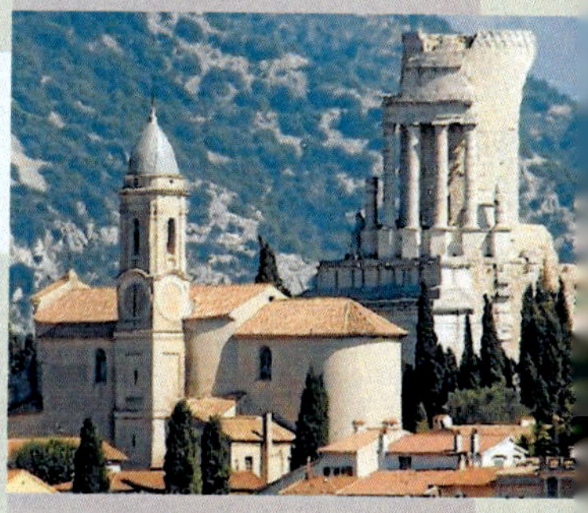

Aus Anlass dieser Siege ließ Augustus zwischen 7 und 6 v. Chr. in La Turbie, oberhalb von Monte Carlo sein „Augustäisches Siegesdenkmal" errichten, das Einzige, auf dem die Cammunen inschriftlich benannt sind. Das Denkmal feiert die Unterwerfung zahlreicher Alpenvölker – darunter eben auch die der „Cammuni". Das Monument ist heute noch gut erhalten und kann besichtigt werden. Es ist sogar auf einer Briefmarke (Monaco, Michel – Nummer 1004) verewigt.

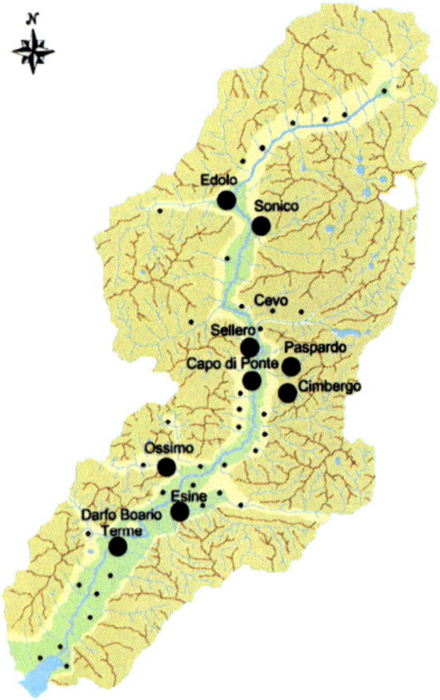

Fundstellen in Norditalien

Nachfolgend sollen nun die wichtigsten und für den Besucher am einfachsten zugänglichen Fundorte von Felsbildern im Val Camonica und an anderen Stellen beschrieben werden.

Die bislang ältesten bekannten Felsgravierungen befinden sich auf dem Hügel von Luine – Crapo am Stadtrand von Boario Terme. Sie sind z.T. älter als 8.000 Jahre.

Im 5. und 4. Jahrtausend v. Chr. kam es zu einer Häufung von Felsbildkunst im mittleren Val Camonica, nämlich in Capo di Ponte, Nadri, Cimbergo und Paspardo. Gegen Ende der Jungsteinzeit siedelte wieder eine – nunmehr zahlenmäßig recht große – Menschengruppe auf dem Hügel von Luine in Boario Terme, der zwischenzeitlich jahrhundertelang unbesiedelt gewesen war.

Im 3. Jahrtausend kam es an zwei Stellen im Val Camonica wieder zu einer starken Konzentration von Felsbildkunst, nämlich im Gebiet Capo di Ponte – Paspardo und auf dem Plateau von Ossimo – Borno. Dort wurden Stelen aufgestellt, die mit Darstellungen von Waffen und Tieren verziert sind.

Der Kultbezirk ist leider nicht mehr erhalten, aber einige der ursprünglich etwa 30 Stelen befinden sich in der Nähe des kleinen Museums im Felsbildpark Naquane, die anderen werden im Studieninstitut von Capo di Ponte, im Forschungszentrum von Ossimo und im Museum in Mailand verwahrt.

Im 2. Jahrtausend, also in der Bronzezeit, erlangte der Hügel von Luine für die Felsbildkunst des Val Camonica erneut große Bedeutung. Der Reichtum an Gravierungen, Themen und Kompositionen an diesem Ort aus jener Zeit lässt sich nur mit der Fundstätte Foppe di Nadro vergleichen.

Zwischen 1.100 und 400 v. Chr. kam es im Val Camonica zu einer geradezu überbordenden „künstlerischen" Aktivität, besonders in Capo di Ponte, in Nadro, Paspardo, Cimbergo und Sellero.

Ausgesprochene Zentren etruskisch und römisch beeinflusster „Kunst" sind nicht bekannt. Im Abschnitt Campanine di Cimbergo findet sich – in unmittelbarer Nachbarschaft zu vorgeschichtlichen Darstellungen – eine reiche frühmittelalterliche und christliche Ikonographie.

Das Val Camonica mit den wichtigsten Fundorten

Capo di Ponte

Die wichtigsten Fundorte mit Felsbildkunst sind:

• *Massi di Cemmo* • *Felsbildpark Naquane* • *Pia* •
• *Seradino* • *Bedolina* •

Das Gebiet um Capo di Ponte weist die größte Dichte an Felsbildkunst in den Alpen überhaupt auf. Dort finden sich nicht nur Abertausende von Gravierungen auf Felsen. Gefunden wurden auch uralte Pfade, massive megalithische Mauern und Siedlungsreste. Von allen bekannten Fundorten ist der Felsbildpark Naquane der interessanteste. Hier sind fast alle Schaffensperioden des Menschen seit dem 5. Jahrtausend v. Chr. vertreten.

Ein ausgeschilderter Pfad, der am Eingang zum Park beginnt, führt an allen wichtigen Gruppen von Felsgravierungen vorbei, Der Besucher erhält ein Faltblatt in englischer oder italienischer (leider nicht in deutscher, Stand 2008) Sprache mit Kurzbeschreibung der bedeutendsten Fundorte. Die „Highlight's", also die ganz besonderes herausragenden Bildensembles, werden nachfolgend vorgestellt.

In dem Faltblatt sind die Fundstellen nummeriert. Die gleichen Nummern finden sich an dem betreffenden Ort, sodass die Orientierung leicht ist. In ähnlicher Weise sind übrigens auch die meisten anderen Felsbildparks dokumentiert.

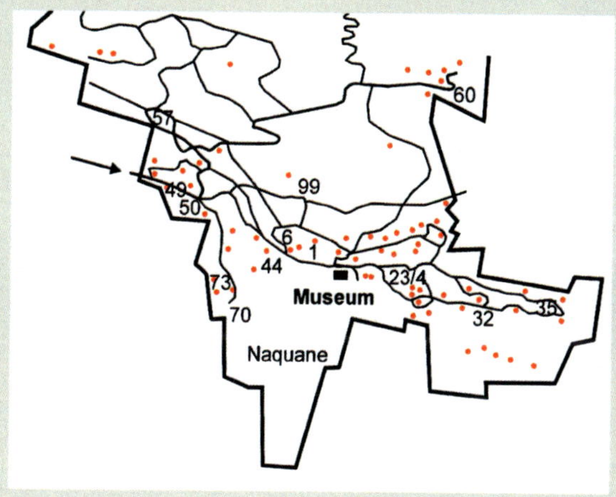

Die wichtigsten Fundstätten im Felsbildpark Naquane

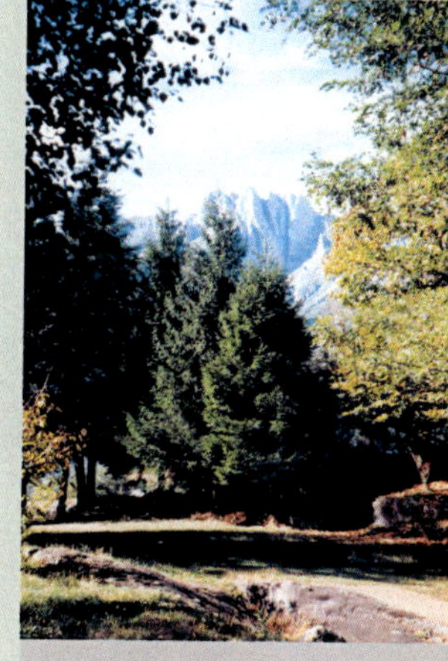

Naquane - der Pfad

Schon nahe des Eingangs, etwas talwärts rechts gehend, erreicht der Besucher das Ensemble Nr. 49/50. Er kann sehr deutlich den etruskischen Krieger aus dem 5. Jahrhundert v. Chr. identifizieren. Der Körper ist eckig, die Muskeln sind deutlich hervorgehoben. Der etruskische Stil ist deutlich zu erkennen. Der Krieger steht mehr auf der Hüfte eines Pferdes, als dass er sitzt. Vielleicht sollte dadurch eine Zeremonie dargestellt werden, z.B. ein Initiationsritus, bei dem es auf Mut und Geschicklichkeit ankam.

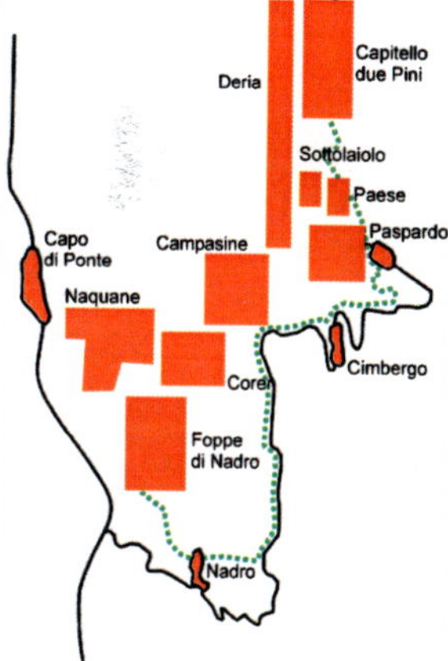

Felsbildparks östlich von Capo di Ponte

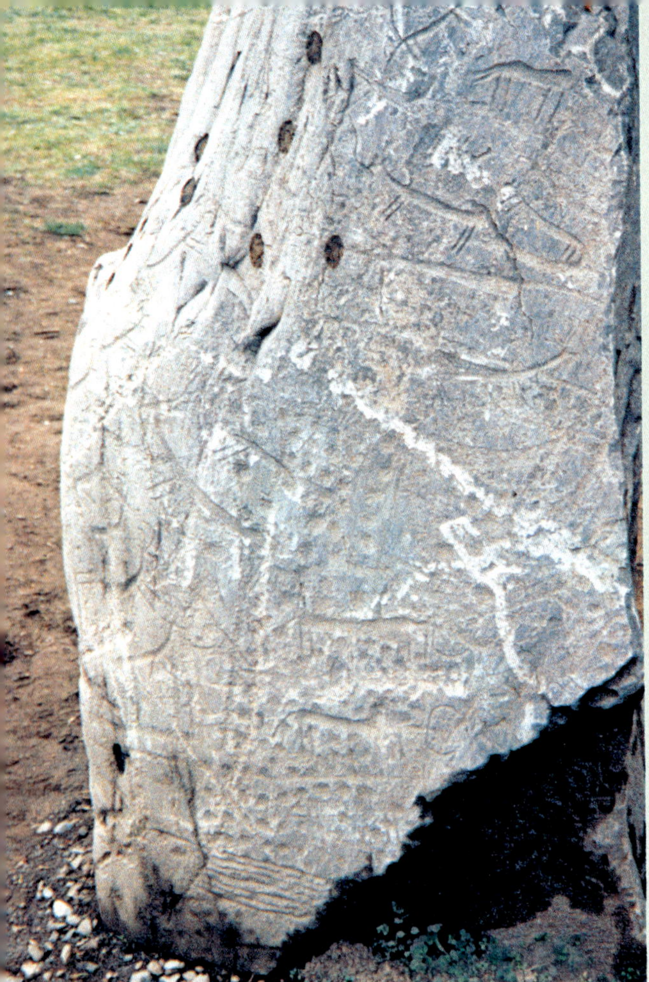

*Menhir im Park des Museums Naquane.
Oben rechts und links Staffeln von Hirschen,
unten kreisförmige Vertiefungen („Näpfchen"),
am Fuß der Stele waagrechte Strichzeichen.*

*Ein weiterer Menhir im Park des Museums Naquane
Mitte: Hirsche
u. rechts: Dolche
Mitte rechts: Axt
(2000 v. Chr.)*

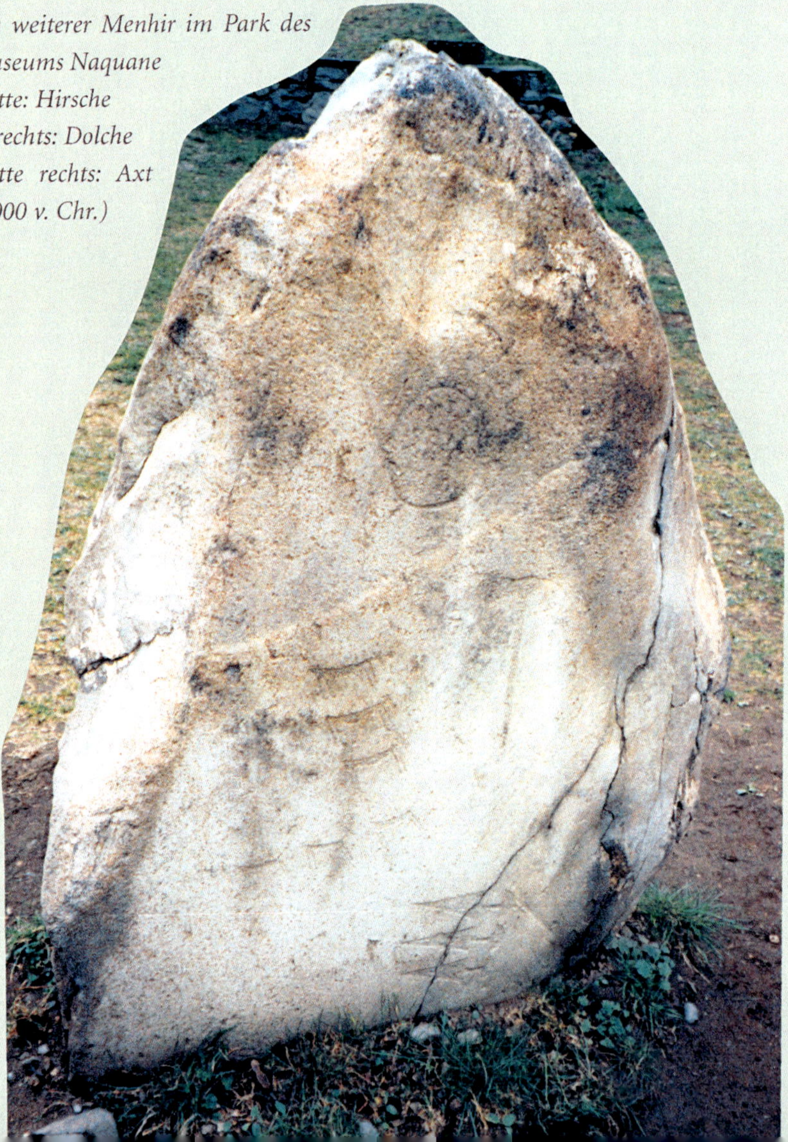

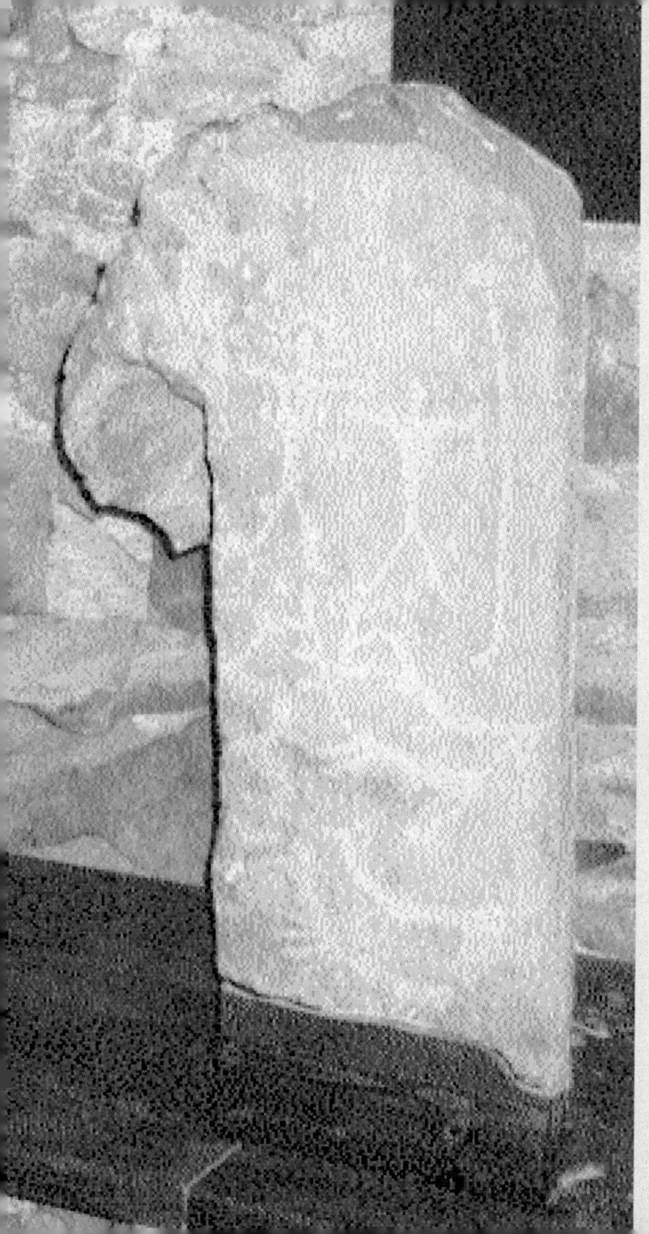

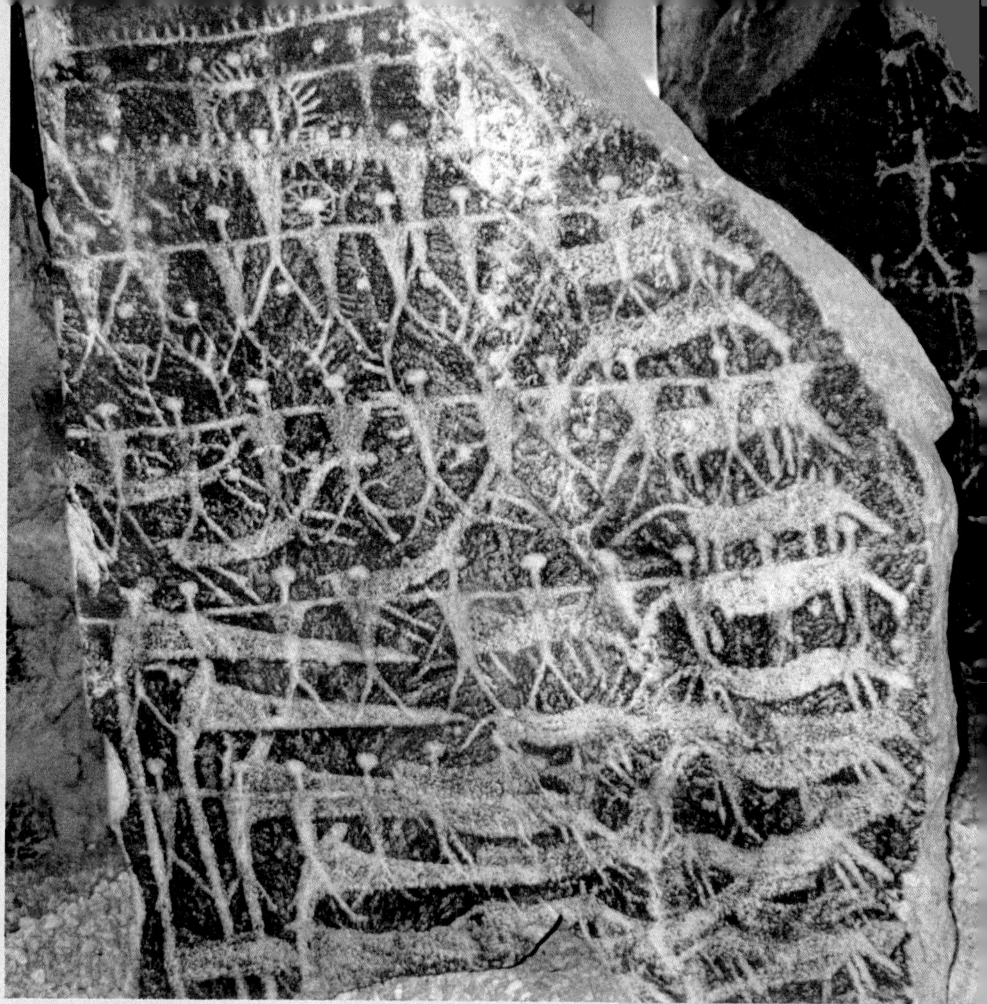

Zwei Stelen aus Ossimo,
jetzt im Museum Naquane
(ca. 3000 v.Chr.)

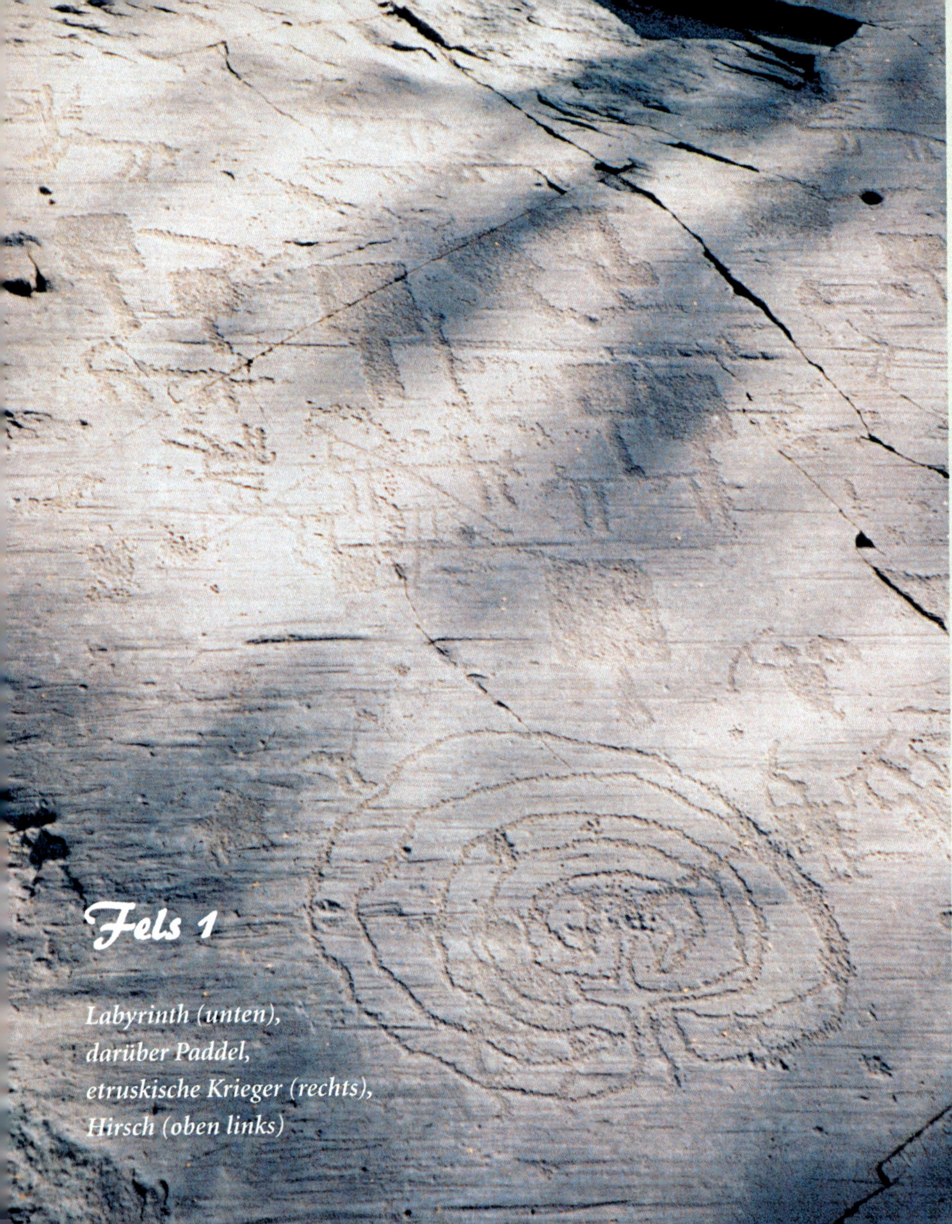

Fels 1

Labyrinth (unten), darüber Paddel, etruskische Krieger (rechts), Hirsch (oben links)

Fels 1: Dieser riesige Monolith befindet sich schräg gegenüber dem Blockhaus. Auf dem Felsen befinden sich insgesamt mehr als 1.000 Figuren, darunter zahlreiche Tiere. Manchmal sind sie fast unentwirrbar miteinander verwoben (Superpositionen).

Auffällig sind die „Schaufeln" oder „Paddel", deren Deutung Gegenstand sehr kontrovers geführter Diskussionen war und immer noch ist. Es gibt sie auch in Schweden, Frankreich und Spanien. Hier eine – allerdings unvollständige – Auswahl an Deutungsversuchen:

• *Ruder* • *Paddel* • *Hämmer* • *Schlitten* • *Wagen* •
• *Waffen* • *Rasiergeräte* • *Gläser* • *Glocken* • *Spiegel* •
• *Spaten* • *Fruchtbarkeitssymbole* • *Machtsymbole* •
• *Gerät zum Einsammeln der Überreste Eingeäscherter.*

Die Darstellungen z.T. ähneln sehr stark Fundgegenständen aus Gräbern der ausgehenden Bronzezeit und frühen Eisenzeit, bei denen der Bestimmungszweck klar zu sein scheint. (12.-5. Jh. v. Chr.).

Auf dem gleichen Felsen befindet sich auch ein sog. „Labyrinth". Es kommt fast überall in Europa in ähnlicher Gestalt vor, natürlich auch in der etruskischen Ikonographie, so z.B. auf einem Krug aus Cerveteri. Dort verweist die Inschrift „Ludus Troiae" auf ein von Vergil beschriebenes Reiterspiel. Es könnte sich daher um eine Darstellung eines aus kultischen Gründen durchgeführten Reiterspiels handeln.

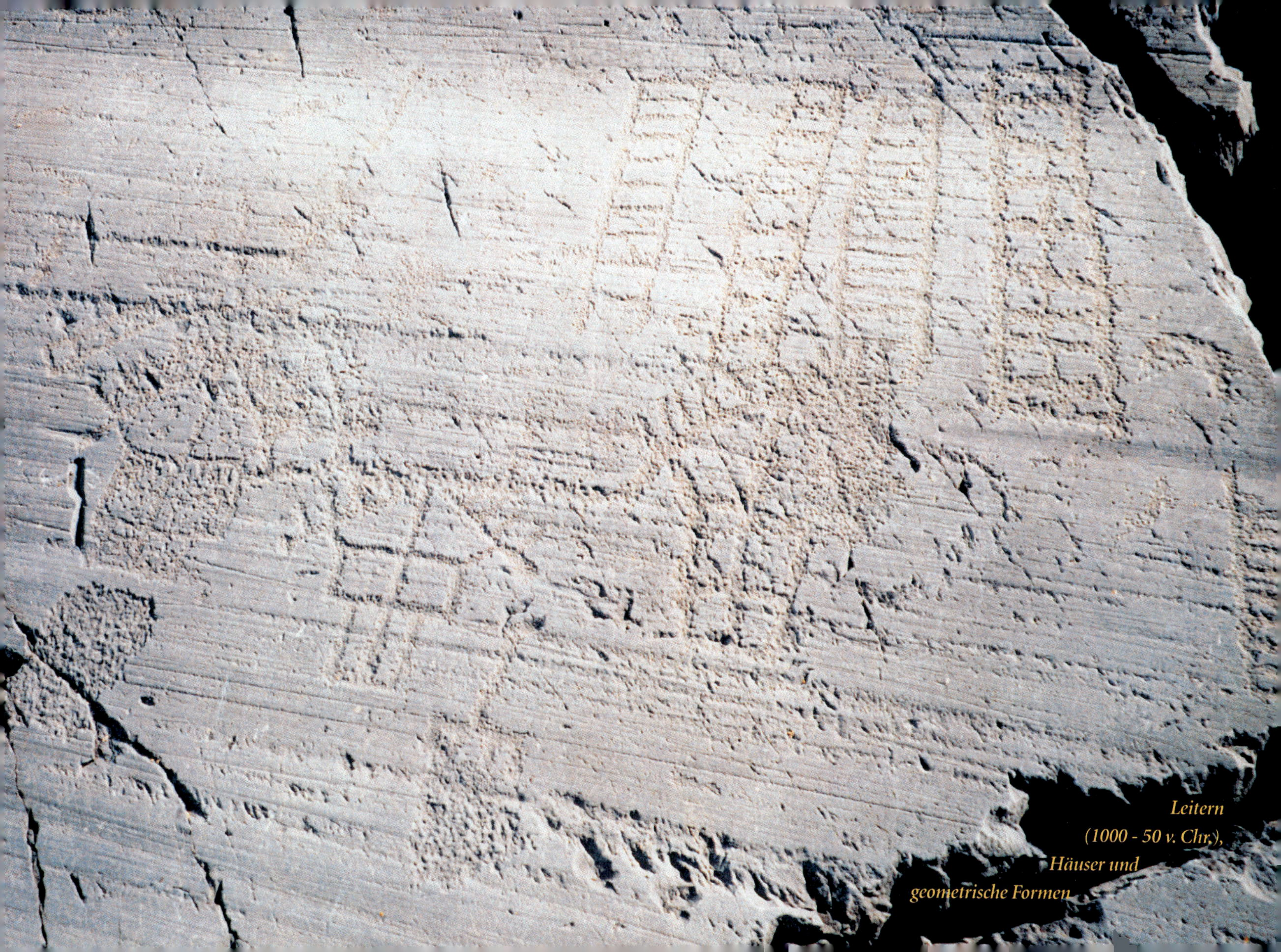

Leitern
(1000 - 50 v. Chr.),
Häuser und
geometrische Formen

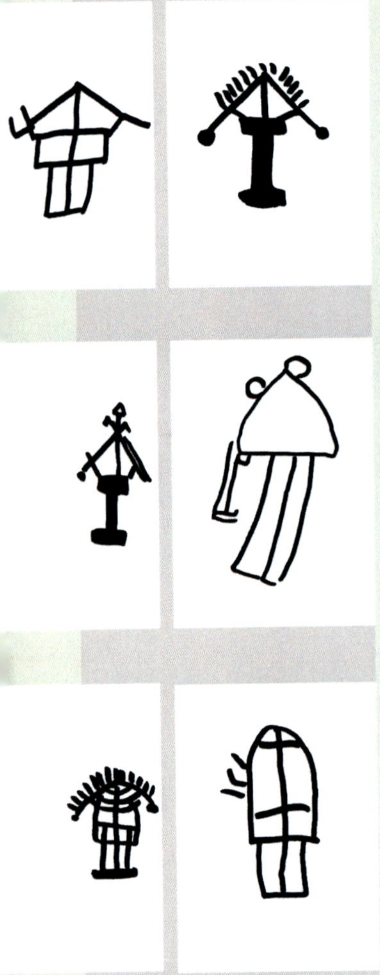

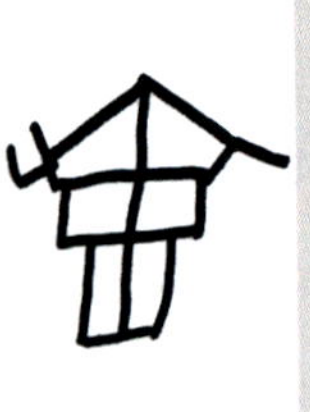

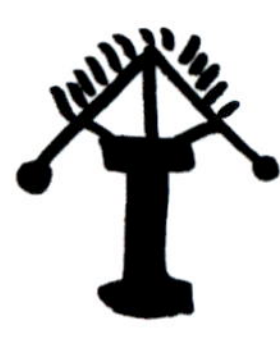

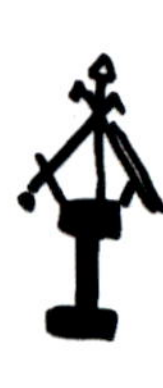

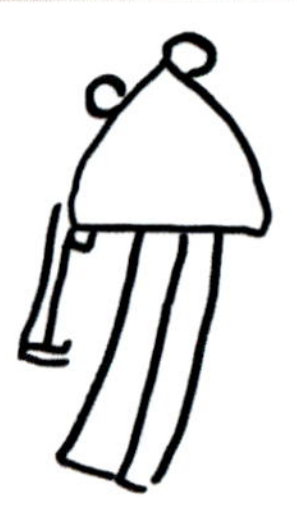

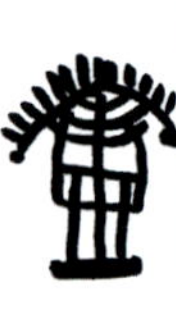

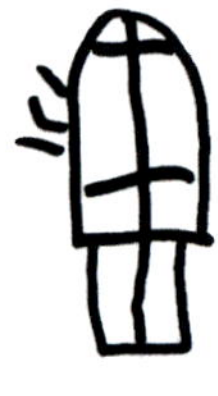

Diverse Umzeichnungen von Häusern

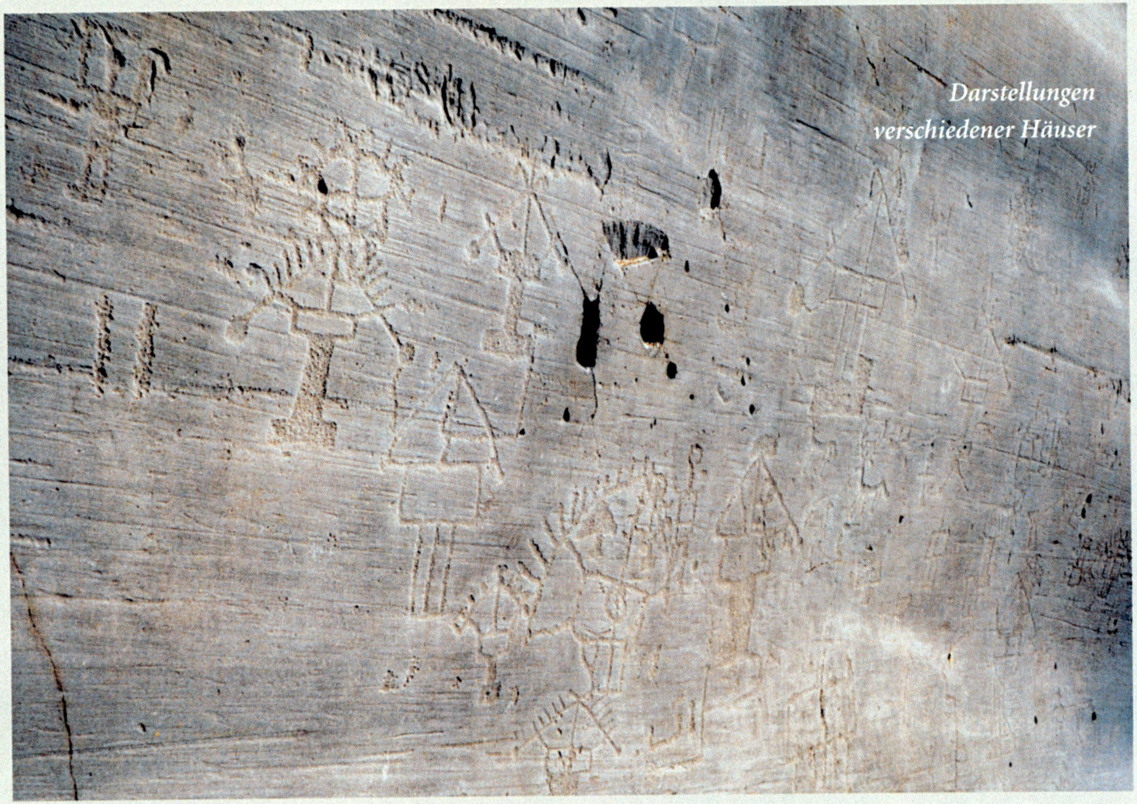

Darstellungen verschiedener Häuser

Fels 6: Hellebarden, sowie Äxte, Dolche Schilde, wie sie öfter noch auf Stelen vorkommen. Wahrscheinlich stellten sie Machtsymbole dar. Vielleicht auch wurden Darstellungen solcher Art als geeignetes Mittel angesehen, Unheil von der Gemeinschaft abzuwenden. (1. Jh. v. Chr.).

Fels 23: Vierrädriger Wagen in der für die Eisenzeit typischen Darstellung aus der Vogelperspektive. Die Räder und die Pferde sind aber im Profil gezeigt, was der Darstellung eine für unsere Begriffe unwirkliche Dimension verleiht. Frühe Darstellungen ähnlicher Art zeigen Ochsen statt Pferde.

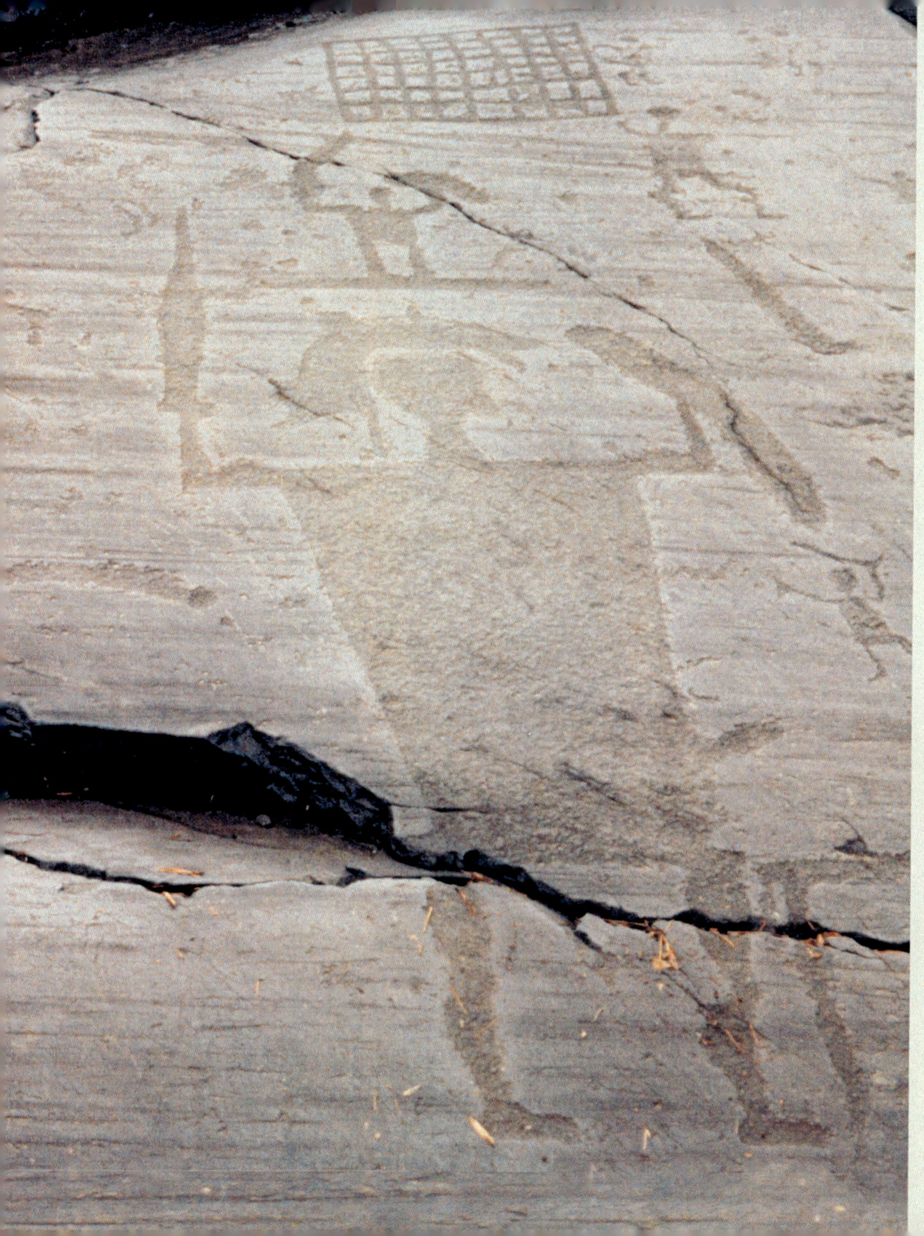

Fels 24: Von 2 Pferden gezogener Wagen. Eisenzeitlich.

Fels 32: Begräbnis, vielleicht auch eine „Heilungsszene". Die Darstellung stammt aus der Jungsteinzeit. Weibliche Personen sind einer liegenden Person beigeordnet, in der Nähe ist ein „Adorant" dargestellt. Vielleicht ist es ein Schamane, der einem Verstorbenen durch Gebete den Weg in eine andere Welt ebnen oder einem Kranken/Verletzten zur Genesung verhelfen will. In diesem Fall wäre es eine sog. „narrative", also „erzählende" Szene. Der Gegenstand wird nicht einfach isoliert dargestellt, sondern in einen Kontext, einen Handlungsrahmen, eingefügt.

Fels 35: Zu Beginn des 5. Jahrhunderts v. Chr. kehrte man zum Realismus in den Darstellungen zurück. Hier ist ein Läufer oder Tänzer dargestellt. Die Figur trägt einen gefiederten Helm, was auf etruskische Einflüsse hinweist.

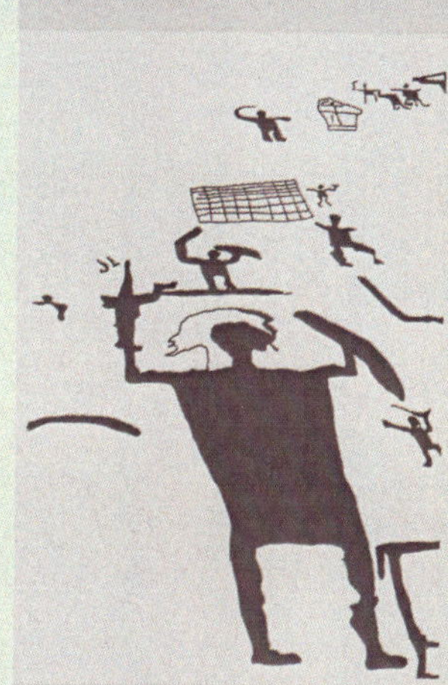

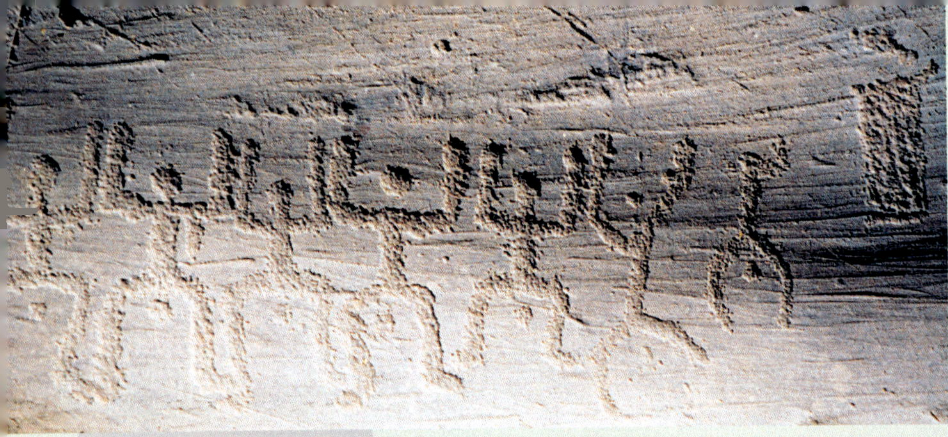

Adoranten, links davon Hütte (Bild unten)

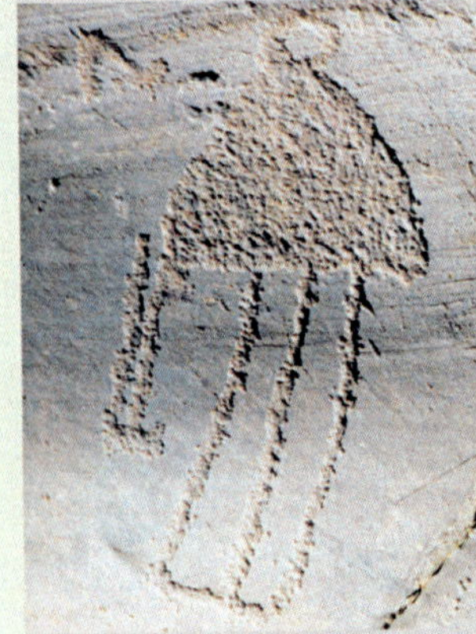

Adoranten (4200-2400 v. Chr.). Dazwischen und darüber Hirsche aus wesentlich jüngerer Zeit

Fels 44: Hellebarden mit axtförmiger Klinge. (Eisenzeit, 3./2. Jh. v. Chr.).

Fels 50: Mindestens 10 Inschriften in nordetruskischem Alphabet. Tiere, Menschen, ein Haus und eine Leiter sind auf dem Felsen ebenso zu erkennen, wie ein Sonnenboot und der Kopf eines Vogels.

Fels 57: Reiter auf einem Pferd. Auf dem gleichen Felsen befindet sich auch ein Fuß sowie, rechts davon, die Darstellung eines pflügenden Landmanns. (Eisenzeit, 6. - 5. Jh. v. Chr.)

Fels 60: „Rose von Cammuna".

Von ihr gibt es drei Grundformen

• *die 4- lappige* • *die Form der Svastika* • *die asymmetrische Svastika*

Die „Rose von Cammuna" kommt sehr oft in Verbindung mit bewaffneten Gestalten vor, die um sie zu tanzen scheinen. Es gibt sie auch vergesellschaftet mit Rechtecken oder schlangenförmigen Gebilden. Natürlich gibt es auch hier verschiedene Deutungen:

• *Sternsymbol* • *Musikinstrument* • *Standarte* • *Stammeszeichen* • *Spielbrett*

Fels 70: Übergroße Darstellung des (keltischen) Gott Cernunnos. Er ist in ein enges Gewand gekleidet. In der Linken hält er ein Messer. Um die Ellenbeuge liegt ein Ring. Rechts von ihm befindet sich ein Boot. Eine kleine Figur in anbetender Haltung

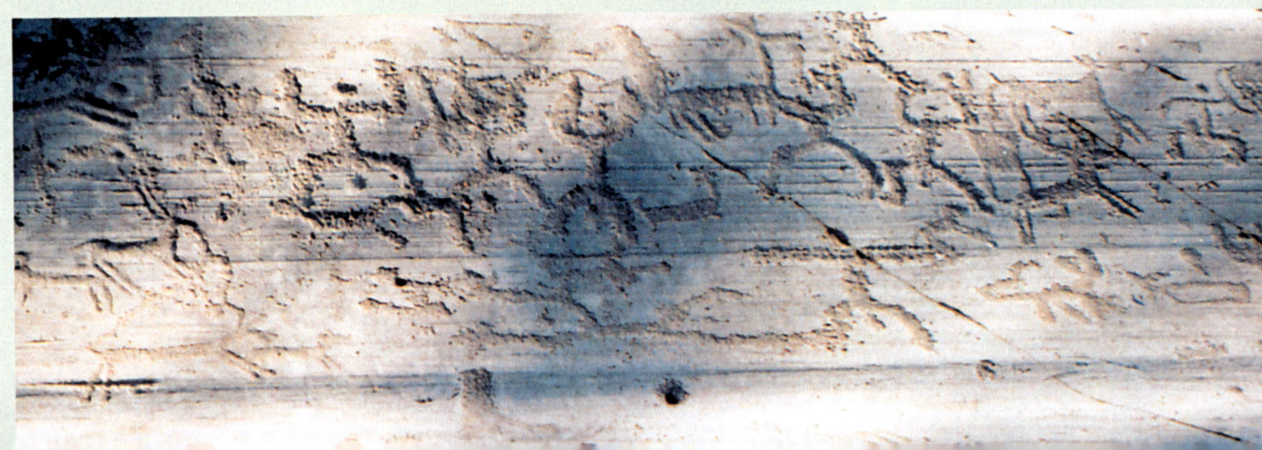

steht ebenfalls rechts der Gottheit. Ähnliche Darstellungen kommen häufig in der Glaubenswelt der Kelten vor. (Eisenzeit, 6. Jh. v. Chr.).

Fels 73: Hütte mit angelehnter Leiter. Einander zugekehrte Stierhörner krönen das Dach. (Eisenzeit).

Fels 99: Lateinische Inschrift und Kampfszene. Bemerkenswert ist, dass zu Beginn der Eisenzeit zwar Kämpfende dargestellt wurden, aber kaum Hinweise auf das Vergießen von Blut erscheinen. Die
31 „Gegner“ berühren einander nur sehr selten mit ihren Waffen. Sie erschienen in Aktion „erstarrt“, „erfroren“ zu sein. Vielleicht deutet diese Art der Darstellung nicht auf real ausgefochtene Kämpfe hin sondern es sollten eher rituelle Handlungen festgehalten werden, vielleicht im Sinn von „Drohgesten“ (Greif nicht an, wir wehren uns). Eventuell handelte es sich auch um die Darstellung eines rituellen Wettstreits, vielleicht um eine Art Tanz.

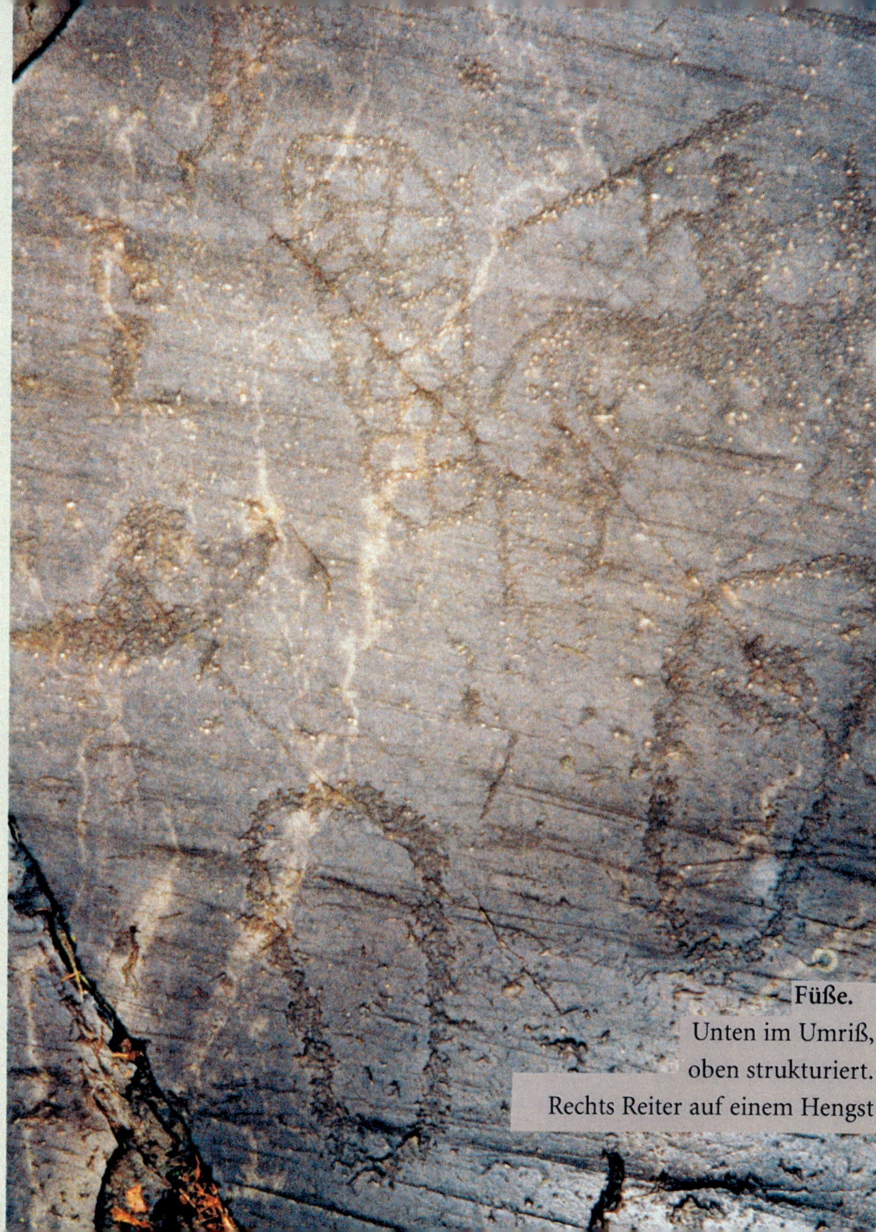

Füße. Unten im Umriß, oben strukturiert. Rechts Reiter auf einem Hengst

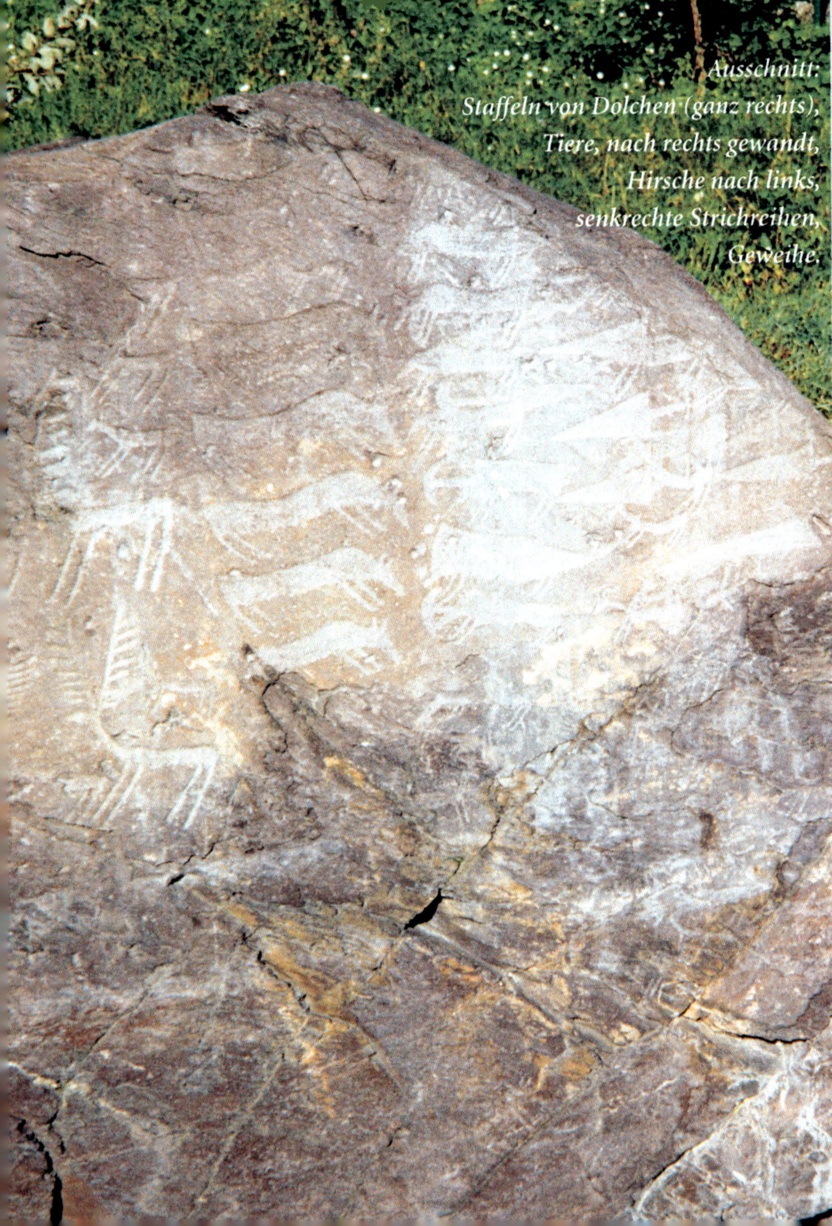

*Ausschnitt:
Staffeln von Dolchen (ganz rechts),
Tiere, nach rechts gewandt,
Hirsche nach links,
senkrechte Strichreihen,
Geweihe.*

1.2. Massi di Cemmo

Zwischen Capo di Ponte und Cemmo liegt ein freier Platz, an dessen Rand sich das sehenswerte Privatmuseum des Dr. Priuli befindet. Der Besucher, der vor dem Museum steht und diesem den Rücken zuwendet erblickt gegenüber am anderen Ende des freien Platzes vor Priulis Haus ein eingezäuntes Gelände mit zwei riesigen Steinbrocken darin. Es sind die „Massi di Cemmo" (Felsblöcke von Cemmo). Dort gab es einmal eine – jetzt zerstörte – megalithische Steinreihe, die sich wohl noch weiter in südlicher Richtung erstreckt hatte, was zwei kürzlich aufgefundene Stelen (Cemmo III und IV) bezeugen, die im Park von Naquane aufbewahrt werden.
Die großen Steine sind über und über mit Monumentalkompositionen bedeckt, die im 3. Jahrtausend v. Chr. entstanden sind. Auf dem Stein Nr. 1 ist eine Serie von Dolchen (rechts) dargestellt, außerdem sind zwei verschiedene Arten von Tieren zu erkennen, teilweise durch Darstellungen von Wagen, die superpositioniert wurden, beeinträchtigt. Die Darstellungen muten äußerst „modern" an. Hier ist bereits ein hoher Grad „künstlerischer" Expressivität erreicht. Unten auf dem Stein sind Ochsen eingraviert – stark beschädigt. Der andere Stein weist neben weiteren Tierdarstellungen ganze Staffeln von Dolchen auf.

1.3) Seradina

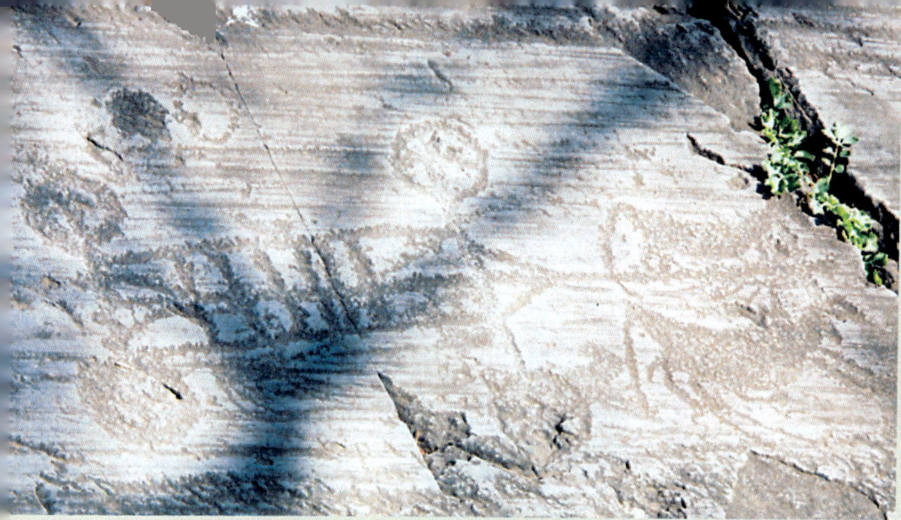

Von Ochsen gezogener Wagen

Hinter dem Museum beginnt der Aufstieg zu den Fundstätten Seradina und Bedolina. Nach wenigen Schritten bergauf beginnt ein im wesentlichen eben verlaufender Rundweg, der an den wichtigsten Fundstellen vorbei führt. Die Gravierungen sind z.T. sehr gut erhalten, sodaß sich ein Besuch durchaus lohnt.

Die meisten Gravierungen von Seradina stammen aus der Bron-

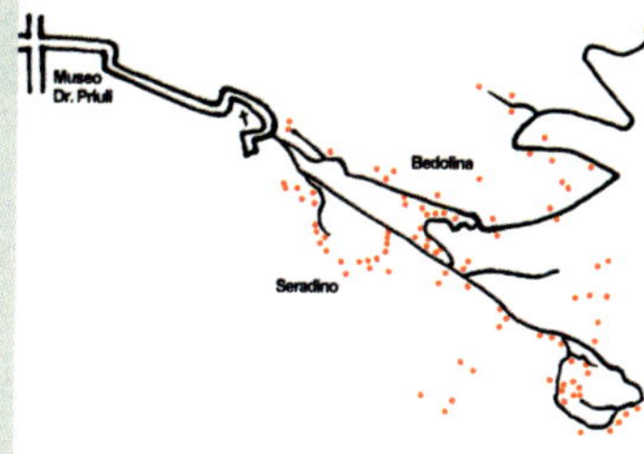

Plan Seradina und Bedolina. Die Punkte markieren Fundstätten von Felsritzungen.

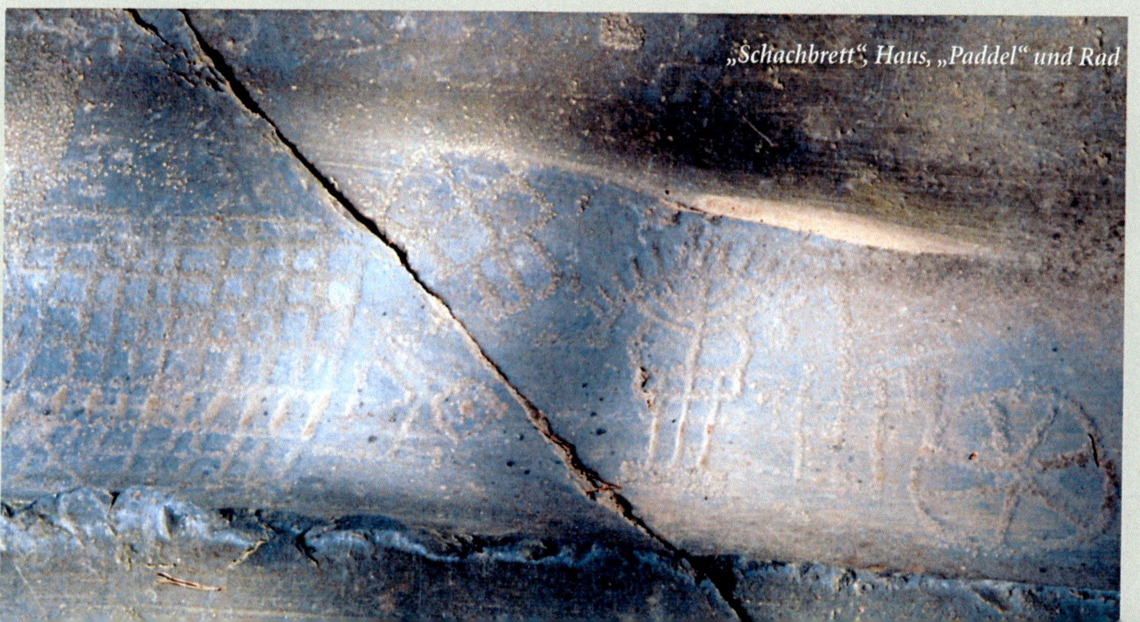

„Schachbrett", Haus, „Paddel" und Rad

Am nördlichen Ende dieses Felsbildparks geht es an steil abfallendem Berghang nach oben, wo sich die angebliche „Landkarte" befindet. Der Weg ist älteren Personen oder solchen, die nicht schwindelfrei sind, nicht zu empfehlen. Die „Landkarte" ist auch von oben her, mit einem Fahrzeug zu erreichen, allerdings nur auf einem erheblichen Umweg.

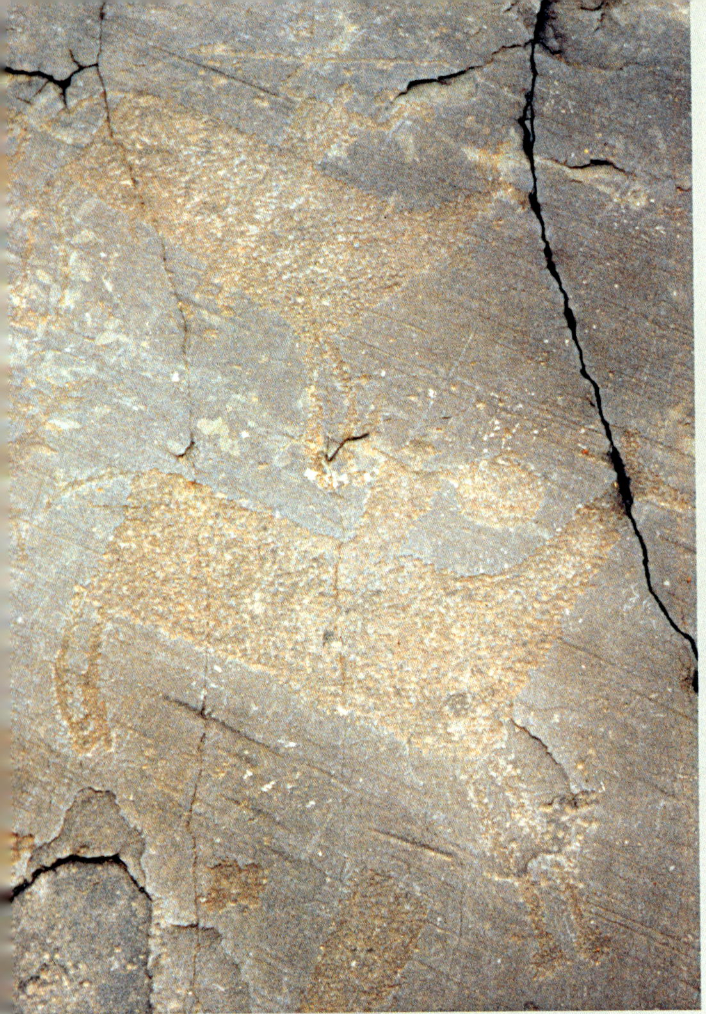

Seradina. Zwei Reiter

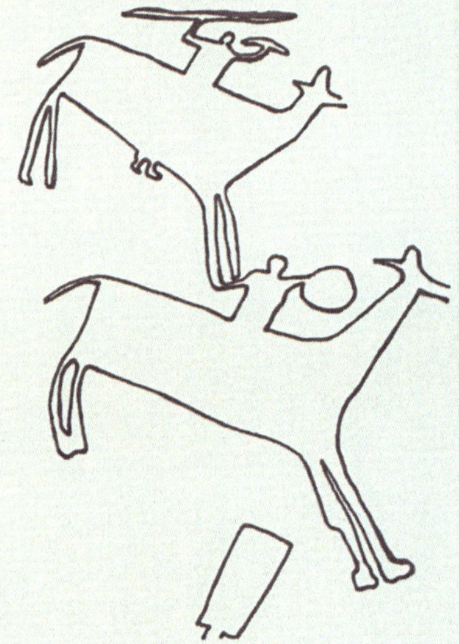

ze- und der Eisenzeit (Ende des 3. Jahrtausends v. Chr. bis zur Römerzeit). Auf meist kleinen Felsen sind Duellszenen, Krieger und landschaftliche Tätigkeiten dargestellt. Nur Felsen Nr. 12 hat etwas beachtlichere Dimensionen.

1.4) Bedolina

In Bedolina befinden sich auf etwa 50 Felsen Abbildungen. Hier befindet sich hoch oben am Berghang eine der vielen „Landkarten". Die Bezeichnung „Landkarte" für Darstellungen ähnlicher Art geistert hartnäckig durch die Literatur, Reiseführer und Faltblätter. Wenn berühmte Institutionen – in diesem Fall wohl das Studieninstitut des Prof. Anati in Capo di Ponte – Benennungen prägen, führt dies leider oft zu kritikloser Übernahme des Worts durch andere.

Um zu begreifen, wie unsinnig eine Deutung als Landkarte ist muss man sich folgendes verdeutlichen: Das Val Camonica verläuft mehr oder weniger von Norden nach Süden. An den Seiten ragen hohe Berge auf. Es gibt also für prähistorische Reisende oder Handelsleute nur eine Richtung, die eingeschlagen werden kann, entweder nach Norden oder eben umgekehrt nach Süden. Alle Siedlungen der Frühzeit befinden sich auf dem Talgrund oder talnah an den Berghängen. Ein Verirren oder das Bedürfnis, sich zu orientieren, sind nicht vorstellbar. Zudem befinden sich diese „Landkarten“ nicht im Tal, entlang der oft begangenen Routen, sondern hoch oben in den Bergen, an teilweise noch heute kaum zugänglichen Orten, wo sie niemand erwarten oder auch finden würde.

Gegen die Deutung als Karte spricht auch, dass es an ganz verschiedenen Ort im Val Camonica, oft dicht beieinander, „Landkarten“ ähnlicher Art gibt. Welchen praktischen Wert hätten mehrere unmittelbar benachbarte „Landkarten“ wohl gehabt ?

Es ist allerdings möglich, dass die Darstellungen eine Art „Kataster“ waren. Nachdem sich eine gesellschaftliche Ordnung im Tal etabliert hatte, gewann auch der persönliche Besitz an Bedeutung. Es ist durchaus denkbar, dass es gelegentlich zu Streit über das Eigentum an Feldern oder über Wassernutzung etc. gekommen ist. Vielleicht wurden Zwistigkeiten dieser Art auch gelegentlich mit der Waffe ausgetragen – ein Verfahren, das sicherlich nicht gern gesehen war. Um Streitigkeiten solcher oder ähnlicher Art ein für allemal unmöglich zu machen, könnte es geboten gewesen sein, die Besitzverhältnisse dauerhaft an einem geweihten Ort, unter Mitwirkung eines Schamanen, festzulegen. Was einmal im Wege einer Zeremonie und vor den Augen der „Gottheiten“ festgelegt war, galt.

1.5) Foppe di Nadro

Die Region Ceto – Cimbergo – Paspardo wird als organische Einheit angesehen und deshalb meist unter dieser Bezeichnung geführt. Sie ist nicht weit entfernt von Capo di Ponte und von dort aus mit dem Auto oder zu Fuß leicht zu erreichen. Von der stark befahrenen Nationalstraße 42 fährt man zunächst nach Süden, biegt aber schon nach wenigen hundert Metern nach links Richtung Nadro ab.

Das mehr als 900.000 m² große Schutzgebiet umfasst auch andere archäologische Sehenswürdigkeiten, wie alte Pfade, megalithisches Mauerwerk, prähistorische Ruinen und Terrassierungen. Darüber hinaus stehen auch die alten Ortskerne von Nadro, Cimbergo und Paspardo, die noch ihren altertümlichen Charakter bewahrt haben, unter Denkmalschutz.

Für die Felszeichnungen sind acht gesonderte Schutzgebiete ausgewiesen:

• *Foppe di Nadro (Zugang über einen Pfad, der von Nadro aus in nördlicher Richtung läuft)* • *Campanine* • *Coren del Valento (zu beiden Zugang in Cimbergo)* • *Capitello di due Pini* • *In Vall* • *Sottolaiolo* • *Deria* • *Paese (Zugang in Paspardo)*

Nicht versäumen sollte es der Besucher, das sehr informative modern konzipierte Museum, das sich in einem mittelalterlichen Haus in Nadro befindet, zu besuchen.

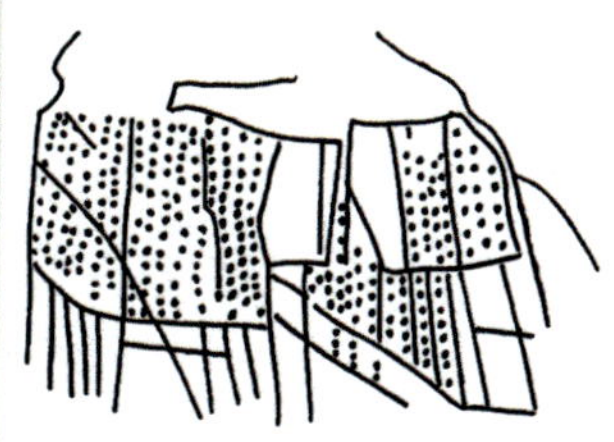

Bedolina. „Landkarte“

Obwohl in der Sammelbezeichnung genannt, befindet sich in Ceto gar keine Felskunst. Ceto ist der Verwaltungsort der Gemeinde, daher die Benennung des 1983 geschaffenen Reservats „Felsgravierungen Ceto – Cimbergo – Paspardo“.

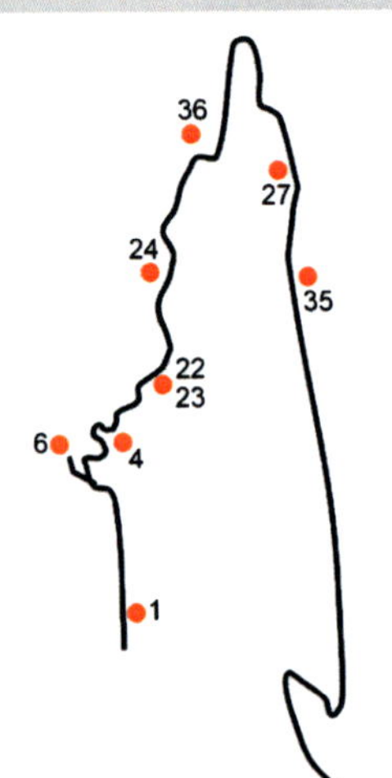

Plan von Foppe di Nadro mit den wichtigsten Fundstätten

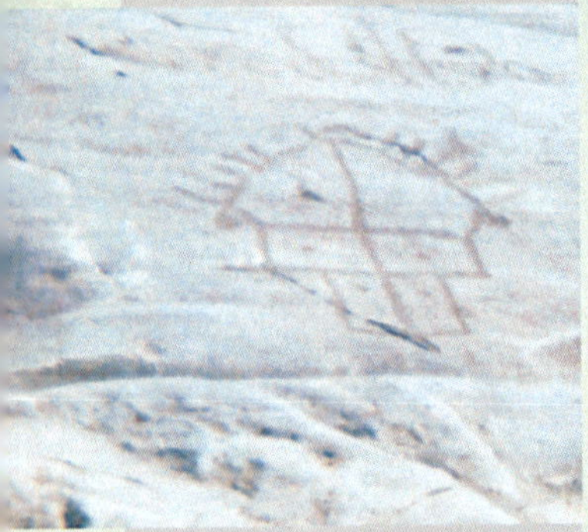

Hausdarstellung in Foppe di Nadro

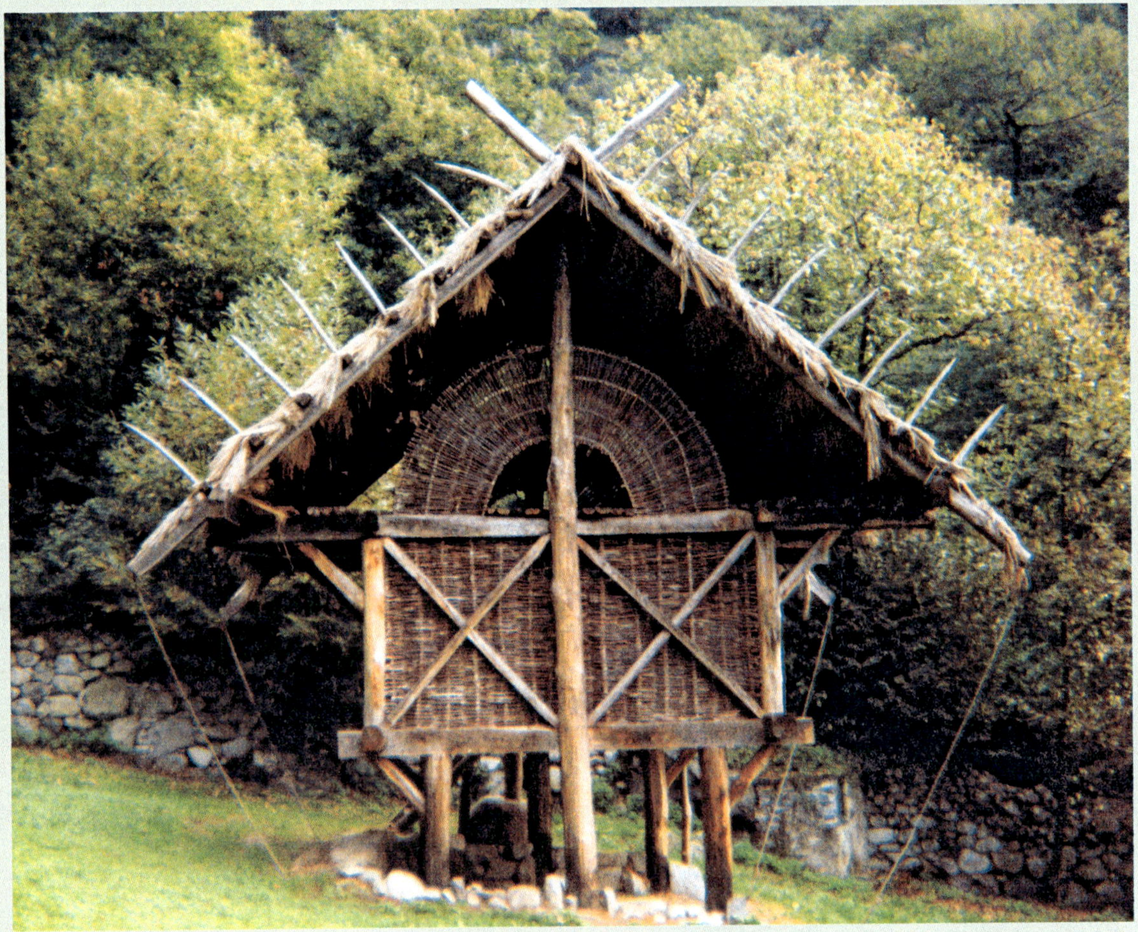

Bevor der Besucher zum eigentlichen Felsbildpark gelangt, sieht er rechts des Pfades die Rekonstruktion (nach den Gravierungen) eines jener eigenartigen Häuser aus der Eisenzeit.

36

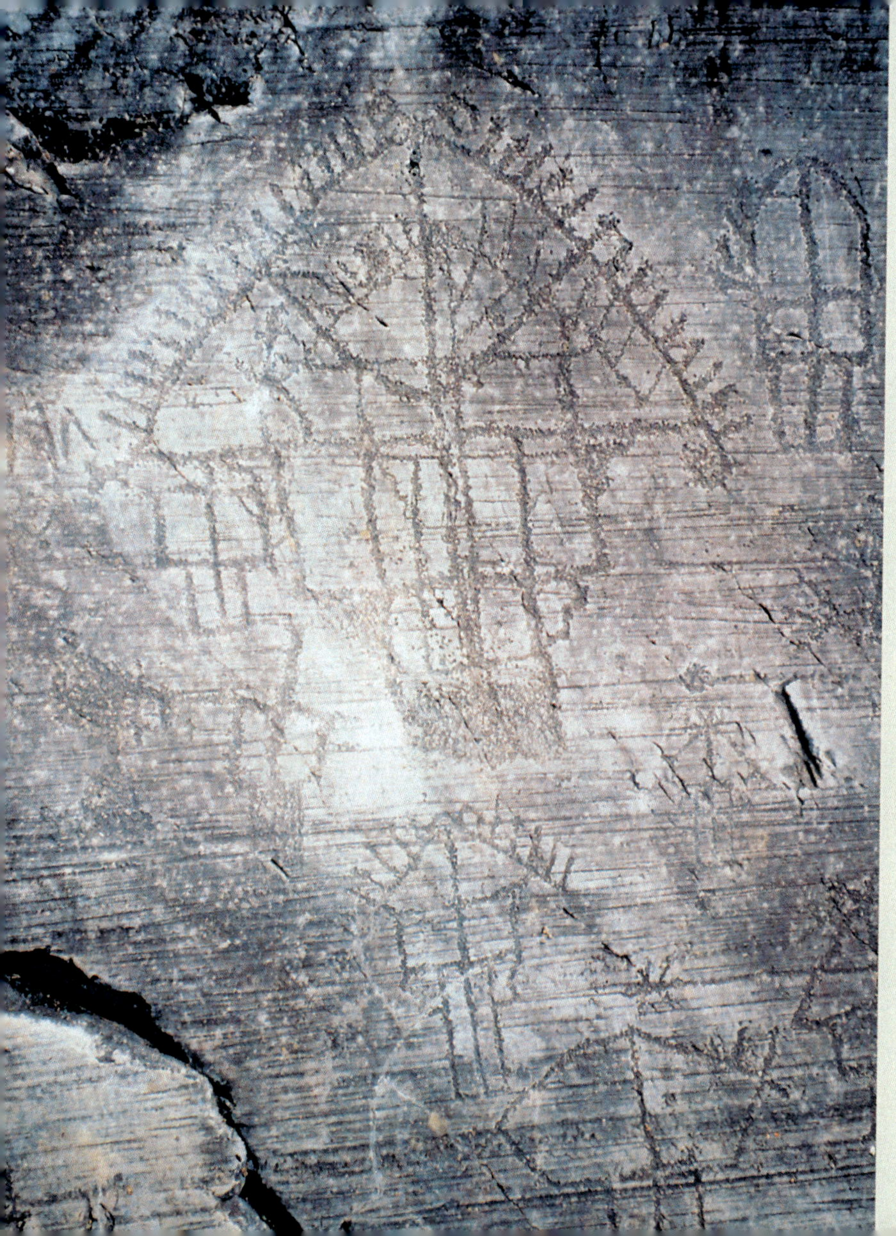

An ihm beginnt auch der Weg zum Felsbildpark Foppe di Nadro. In diesem sind alle Perioden des „Kunst“ – Schaffens des Val Camonica vertreten – mit Ausnahme der sehr frühen proto--cammunischen Zeit.

Von herausragender Bedeutung sind die bronzezeitlichen Kompositionen Bewaffneter sowie die Darstellung von Riten und Zeremonien aus der Eisenzeit. Einige von ihnen zeigen kulturelle Einflüsse aus weit entfernten Gebieten – nicht nur aus der Welt der Etrusker, sondern auch aus Gebieten in der Schweiz, die von Rätern bewohnt waren. Es muss also schon zu dieser Zeit auch einen Kulturtransfer aus – und wahrscheinlich auch zu – diesen Gebieten bestanden haben – nicht achtend der gewaltigen Bergbarriere, die beide Siedlungsgebiete voneinander trennt.

Nadro: Häuser. Unten und oben rechts unbestimmbare Formen. In der Mitte links etruskische Inschrift.

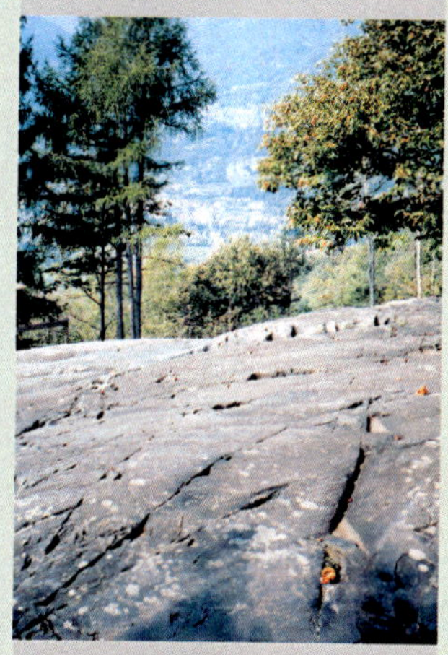

Nadro, Fels 27. Eine riesige Felspartie mit zahllosen Gravierungen

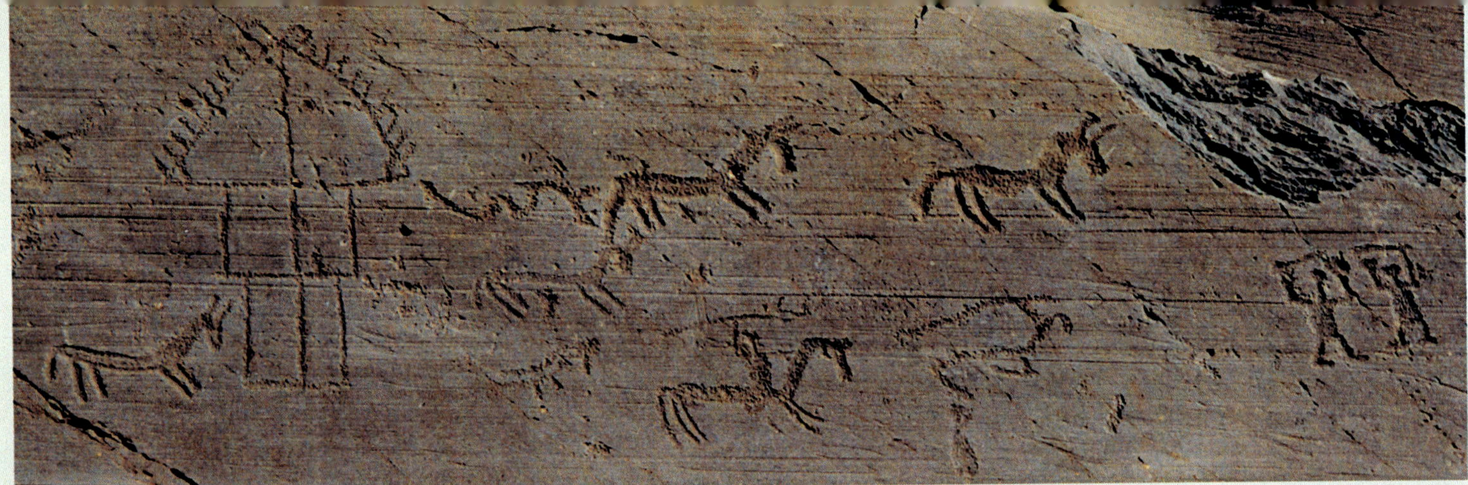

Haus, Tiere, Reiter (etruskisch)

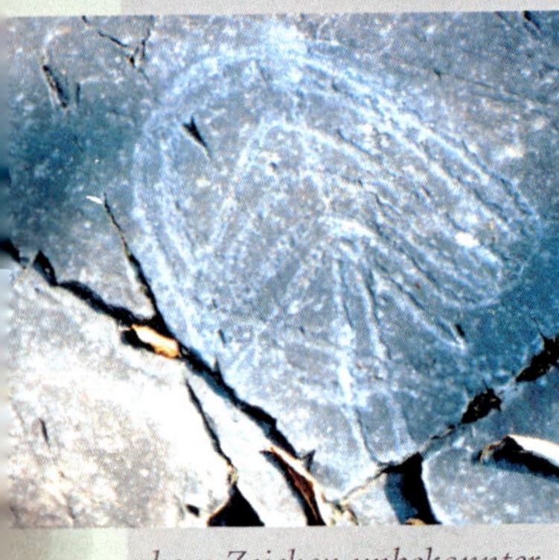

oben: Zeichen unbekannter Bedeutung

rechts: etruskische Inschrift

Fels 1: Dort ist eine neolithische Anbetungsszene (4. Jt. v.Chr.) mit Sonnensymbol dargestellt. Oberhalb befindet sich eine Kampfszene aus der Eisenzeit.

Fels 6: Hütten, rituelle Darstellungen und mehr als 200 Fußabdrücke. Auch einige eiszeitliche sternförmige Gebilde sind zu erkennen.

Fels 22 und 23: Hier sind in natürlicher Größe Waffen verschiedener Art dargestellt. „Näpfchen" aus der frühen Bronzezeit – wie sie in der Megalithzeit aus ganz Europa bekannt sind (ein flach liegender Stein mit „Näpfchen" befindet sich z.B. auf dem Ferschweiler Plateau in der Eifel, Deutschland) – ergänzen das Bildrepertoire. Sehr viel ist gerätselt worden, welche Bedeutung die „Näpfchen" hatten. Einige meinen, sie hätten Blut- oder Milchopfer aufgenommen, andere gehen davon aus, dass es sich um die Abbildung oder das Symbol der Sonne handelt, aber niemand weiß wirklich, welche Bedeutung diese tausendfach vorkommenden Vertiefungen wirklich hatten.

Fels 24: Viele Häuser bilden ein ganzes „Dorf". Seitlich davon sind Kämpfende, Tiere und abstrakte Symbole zu erkennen (Eisenzeit).

Fels 27: Eine riesige bearbeitete Oberfläche, weiter unten, talwärts, neolithische Darstellungen, Adoranten, Tiere. Oben befinden sich Gravierungen aus der Bronzezeit und der Eisenzeit: Kämpfer, Hütten, Symbole, eine etruskische Inschrift.

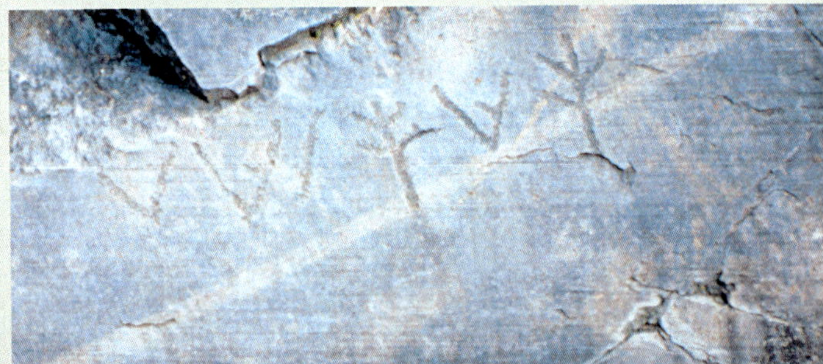

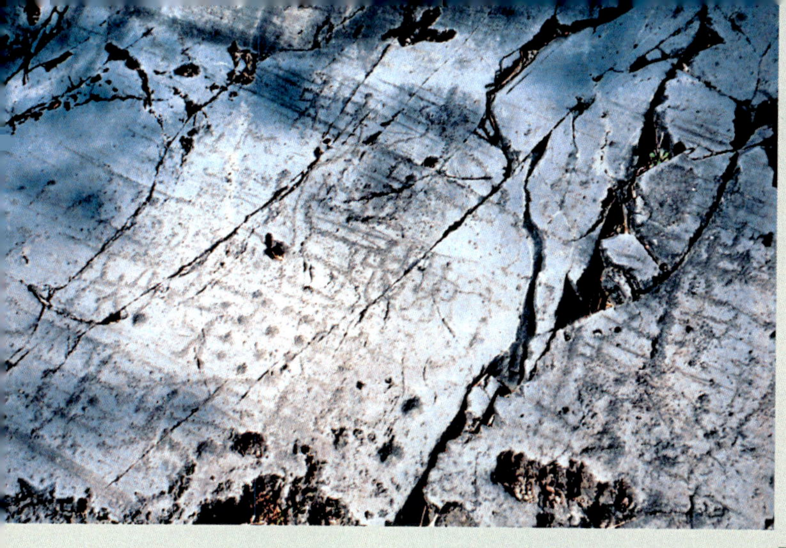

Komplexe Darstellung von Menschen, geometrischen Mustern und parallelen Linien.

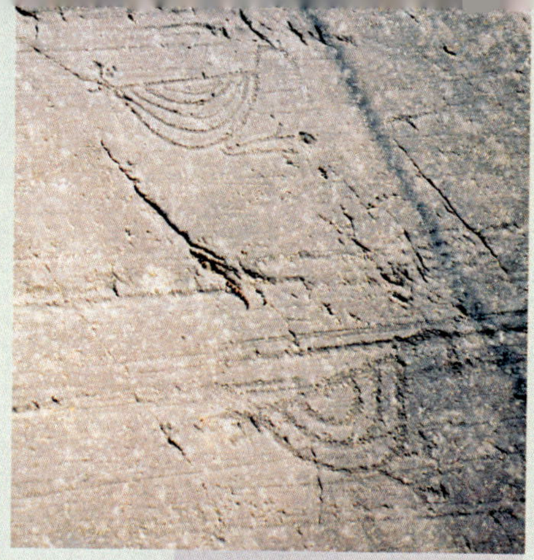

Nadro. Zeichnungen unbestimmter Bedeutung

„Paddel"

Kreise. Unten rechts Tierdarstellung

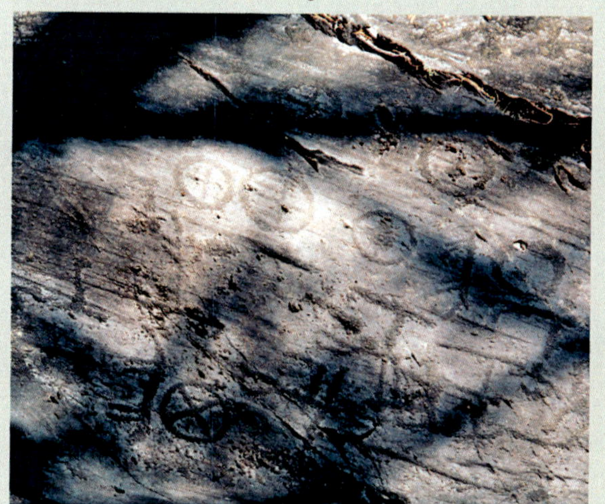

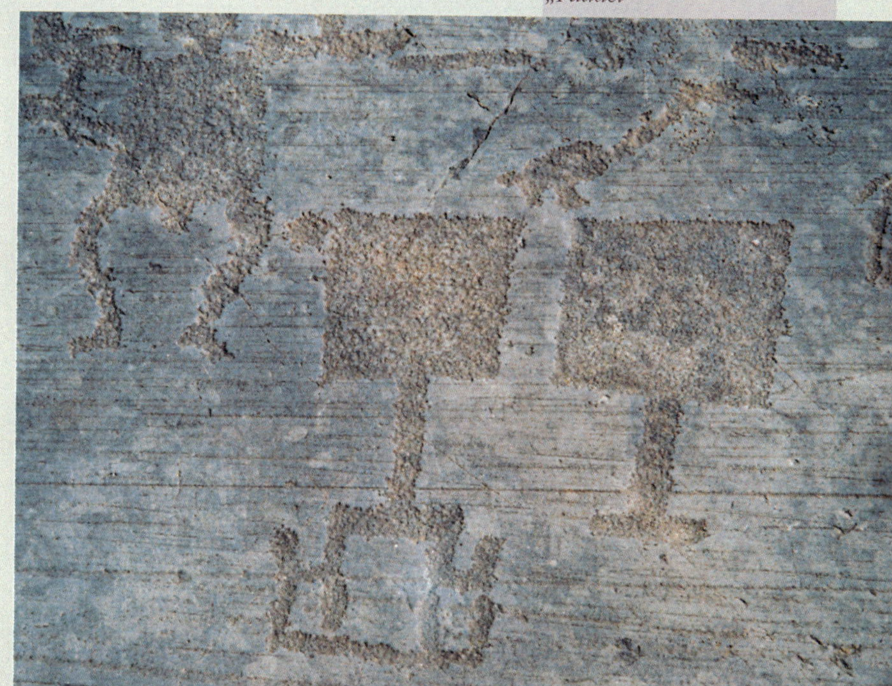

1.6) Campanine

Der Eingang befindet sich direkt unterhalb des Ortes Cimbergo. Die meisten Darstellungen sind eisenzeitlich. Es handelt sich um Jäger, Kämpfer, Tiere, Häuser. Auch Gemeinschaftshandlungen wurden dargestellt. Unter den Tieren befinden sich einige, die es in der Natur nicht gibt, also „imaginäre“ oder „komposite“ Tiere. In Campanine finden sich auch zahlreiche Darstellungen aus dem Mittelalter: Kreuze, Begräbnisszenen, Symbole.

Fels 5: Die große Fläche ist mit Darstellungen von Hütten, Kämpfern undTieren ausgestattet. Die Gravierungen stammen aus der Eisenzeit. Auch eine lateinische Inschrift – eine Huldigung an Jupiter – ist zu erkennen. Weiter unten auf dem Stein finden sich christliche Symbole, Schlüssel, die den Hl. Petrus symbolisieren und rituelle Szenen.

Fels 8: Dort befindet sich eine kleine Szene mit landwirtschaftlicher Thematik. Sie stammt wahrscheinlich aus der Jungsteinzeit.

1.7) Paspardo

Von hier aus erreicht man die Fundorte:

• *Capitello di due Pini* • *In Valle* • *Sottolaiolo* • *Deria* • *Paese*

In Capitello befinden sich einige Darstellungen aus dem Chalcolithikum (3. Jt. v. Chr.)

Im Gebiet In Valle konzentrieren sich die meisten Darstellungen auf **Fels 4**. Sie stammen aus der Eisenzeit. Es handelt sich um Kämpfer und imaginäre Personen, Tiere und landwirtschaftliche Szenen.

In Sottolaiolo gibt es mehrere Felsen mit Gravierungen, ebenfalls aus der Eisenzeit: Krieg, symbolische Darstellungen.

Die beiden anderen Gebiete (Deria und Paese) sind nur von geringem touristischem Interesse. Es gibt neben den besprochenen Gebieten mit Felskunst noch weitere mit Gravierungen, die aber der Öffentlichkeit nicht zugänglich sind.

1.8) Sellero

Der nächste Ort in nördlicher Richtung hinter Capo di Ponte ist Sellero. Dort sind die Fundstellen oberhalb des Dorfes im Felsbildpark „Sellero“ von Interesse. Sechs Bereiche wurden unter Schutz gestellt:

• Carpene – Fradel – Berco (Nr. 1) • Iso – Barnil (Nr. 2) • Preda Mola (Nr. 3) • Corna Sculta (Nr. 3) • Castello Grande (Nr 3) • Pia d'en Ort Coren (Nr. 4)

In **Carpene** befinden sich 20 Felsen mit Gravierungen aus allen Perioden, beginnend mit der Jungsteinzeit, darunter ein Stein mit mehr als 700 Figuren, meist Kämpfer, eisenzeitlich, etruskisch beeinflusst. Dort ist auch die „Keltische Rose" abgebildet.

In der Region **Fradel** ist besonders **Fels 44** beachtenswert, auf dem Linien, Kämpfer und Näpfchen dargestellt sind. **Fels 45** zeigt einen Reiter und stark verwitterte weitere Darstellungen.

Iso – Barnil ist ein ziemlich ausgedehntes Gebiet, dort gibt es mehr als 30 bearbeitete Oberflächen, vor allem mit Näpfchen und anthropomorphen Gestalten.(Bronze- vielleicht auch erst eisenzeitlich).

Die unter der Nr. 3) zusammengefassten Ensembles sind nicht für den Publikumsverkehr vorbereitet. Es gibt dort insgesamt 5 bearbeitete Flächen. **Fels 26** zeigt Krieger, die „Rose von Cammuna" und andere Symbole. (Eisenzeit).

In **Pia d'en Ort Coren** sind die Felsen 1 und 18 von Interesse. Auf **Fels 1** ist ein Haus dargestellt, auf **Fels 18** sind abstrakte Darstellungen zu sehen. Auch hier, in dieser abgeschiedenen Gegend, soll es sich angeblich um eine „Landkarte" handeln. Es gibt auch Rechtecke, Näpfchen und andere Darstellungen.

1.9) Sonico

Ganz im Norden des Val Camonica, nicht mehr weit entfernt von Edolo, liegt der Ort Sonico. Dort sind fünf Gebiete mit Felskunst erforscht. Nur zwei sind von touristischem Interesse: Coren de le Fate und Corbel de L'Aiva.
Die ältesten Darstellungen im Gebiet von Sonico stammen aus dem 4. Jt. v.Chr. Viele davon sind ganz anders in ihrem Charakter, als die in anderen Gegenden des Val Camonica gefundenen. Einige kommen in der speziellen Gestalt nur hier vor.

Coren de le Fate ist ein Felsbildareal, dessen Darstellungen der Bevölkerung der Umgebung schon seit langem bekannt waren. Die Leute nannten diese Felsen „Coren de le Strie". Hier fanden auch die ersten Untersuchungen unter wissenschaftlichen Aspekten statt. Dabei kam der Gedanke auf, in der Nähe des „Coren de le Strie" müssten sich wahrscheinlich noch andere Fundstellen mit prähistorischer „Kunst" befinden. Ab 1956 wurde die Region systematisch untersucht. Wie erwartet, fand man zahlreiche weitere Gravierungen. Die Forschungen haben gezeigt, dass

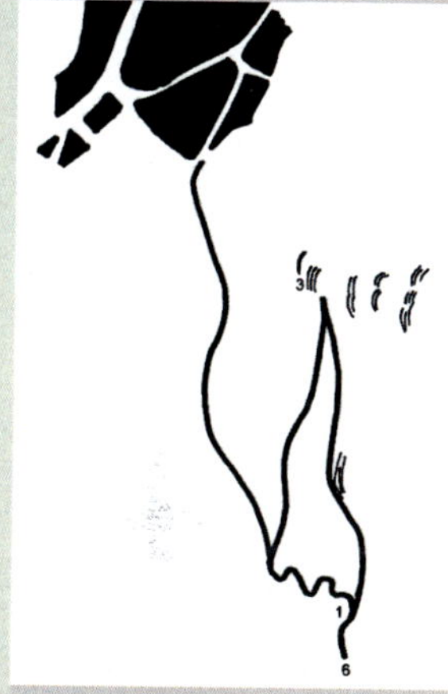

Plan Sonico

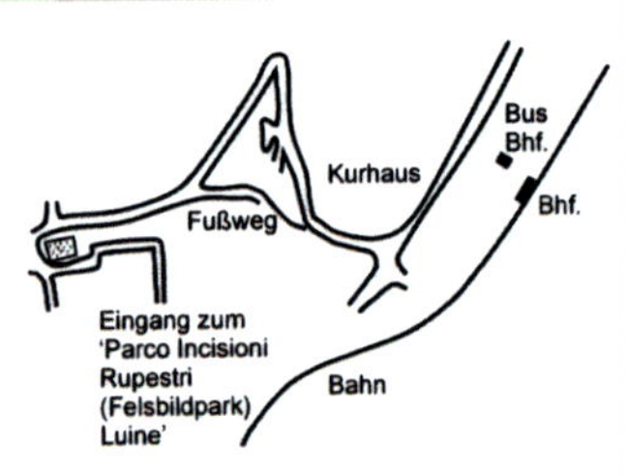

Boario Terme. Weg zum Felsbildpark „Luine".

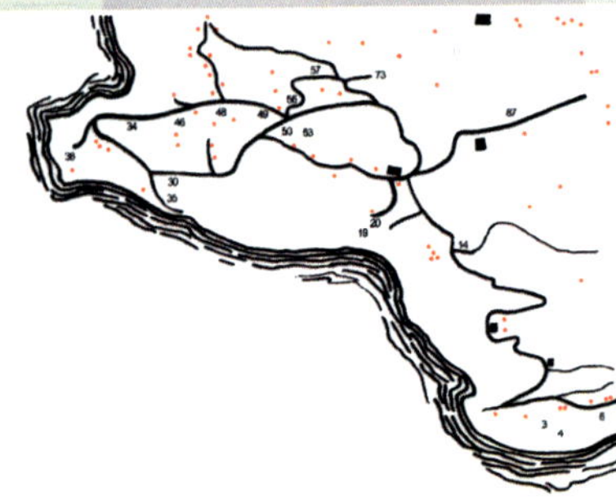

Plan von Luine mit den wichtigsten Fundstätten

zwischen dem 4. und dem 3. Jt. v. Chr. zahlreiche kreisförmige Gravierungen entstanden sind. Sie haben die Gestalt eines Rades oder sind spiralförmig. Meist werden sie als Sonnensymbole gedeutet. Auch hier oben kommen mehrere „Landkarten"und die bereits von anderen Fundplätzen bekannten „Schaufeln" vor.

Das Felsbildensemble ist später umbenannt worden und heißt jetzt „Coren de le Fate". Insgesamt weist es 451 Gravierungen auf. Neben den „Sonnensymbolen" aus der sog. „Ersten Periode" finden sich dort auch planimetrische und mäanderförmige Darstellungen (sog. „Zweite Periode) und die bereits erwähnten „Schaufeln" oder „Paddel (mehr als 150) aus der sog. „Dritten Periode".

Besonders bemerkenswerte Felsen mit „Kunst" sind

Fels 6: Dort finden sich 39 Gravierungen, davon 15 schaufelförmige, mehrere Näpfchen, eine menschliche Figur.
Fels 9: Kämpfer,Tiere, Waffen, Paletten bilden ein größeres Ensemble, ergänzt durch einige abstrakte Darstellungen.
Fels 13: Ein großes „Bild" mit Paletten, Kämpfern, Labyrinthen und Näpfchen zieht die Aufmerksamkeit des Besuchers auf sich.

Cornel de l'Aiva weist sechs Felsen mit „Gravierungen" auf. Zahlreich sind auch hier die „Landkarten" vertreten. Die ersten Gravierungen dieser Art werden auf das 3. Jt. v.Chr. (Kupferzeit) datiert.
Fels 3: Auf der großen Oberfläche finden sich zahlreiche kreisförmige Gebilde und parallele Schraffierungen, teilweise umrandet und damit entfernt Fußabdrücken ähnlich.

1.10) Darfo Boario Terme

Südlich von Capo di Ponte befindet sich der Bade- und Kurort Boario Terme. An seinem Rand, oberhalb der Stadt, von dort aber mit Bus oder zu Fuß leicht zu erreichen, liegt der Felsbildpark Luine.
Hier befinden sich die ältesten Felsbilder des Val Camonica. Sie gehören z.T. noch der proto – camunischen Periode (10.000 v. Chr.) an.

Die Menschen jener Zeit waren Sammler und Jäger. Ackerbau und Viehzucht kannten sie noch nicht. Entsprechend ihrem Lebensstil finden sich in der „Kunst" ausschließlich Jagdszenen.
Der Hügel **Luine** war später jahrhundertelang nicht besiedelt, wurde aber gegen Ende der Jungsteinzeit dann doch wieder von Menschen in Besitz genommen, die dann auch weitere Felszeichnungen hinterließen. Besonders viele Zeichnungen entstanden in

der Bronzezeit. Auch die Eisenzeit war überaus fruchtbar für das Entstehen von „Kunst" auf dem Hügel Luine. Auch vor der eisenzeitlichen Besiedlung war er für einige Jahrhunderte unbewohnt. Es gab also mehrere Phasen der Besiedlung auf diesem Plateau, dazwischen aber auch immer wieder „stumme" Perioden.

Drei Pfade sind ausgeschildert, doch schon bevor der Besucher die Routen erreicht, ist rechts des Weges **Fels 87** zu bemerken. Dort finden sich menschliche Figuren mit geometrisch gezeichnetem Körper in Anbetungshaltung. Sie sind im 1. Jh. v. Chr. entstanden.

Luine, Boario Terme. Schildförmiges Gebilde mit Wellenlinien im oberen Teil

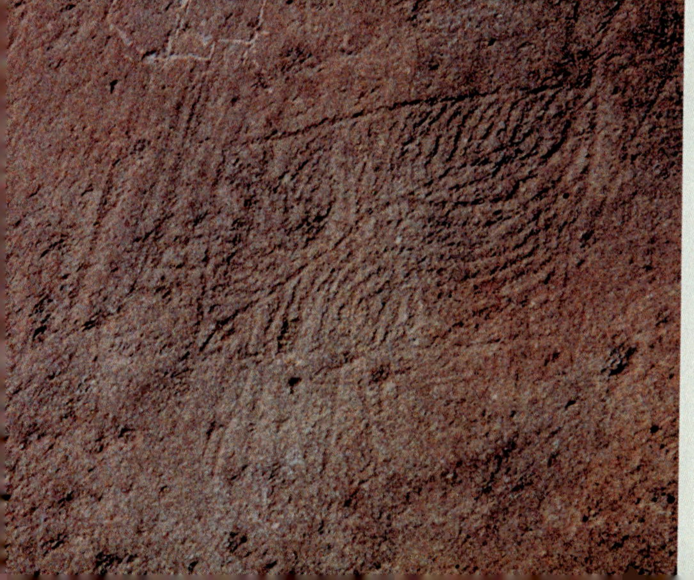

Zunächst sollte man **Pfad A** folgen.

Fels 50/53: Hier bemerkt man eine riesige Komposition rechteckiger Figuren, Linien und Näpfchen. (Im Wesentlichen bronzezeitlich)

Fels 49: Dort fallen zwei Kreise aus der späten Jungsteinzeit auf, einer mit Gesicht und Augen und einigen unverständlichen (vielleicht tierischen) Attributen, der Andere verbunden mit einem Adoranten.

Fels 48: Die Gravierungen stammen aus der Bronzezeit. Es handelt sich um Waffen, Kreise und geometrische Figuren.

Fels 46: Die Bronzezeit ist hier mit Waffen und sternförmigen Darstellungen vertreten (3. bis 2. Jt. v. Chr.) Aus der Eisenzeit stammen diverse menschliche Gestalten.

Fels 34: Hier sind alle Schaffensperioden vertreten, von der proto – cammunischen (oben auf dem Fels ein großer Hirsch, 7. Jt. v.Chr.) bis zur Eisenzeit (große Krieger, Männer und Waffen. Ende 4. Jh. v. Chr.). Zu erkennen sind auch ein schlangenförmiges Gebilde, geometrische Figuren sowie schildförmige Darstellungen.

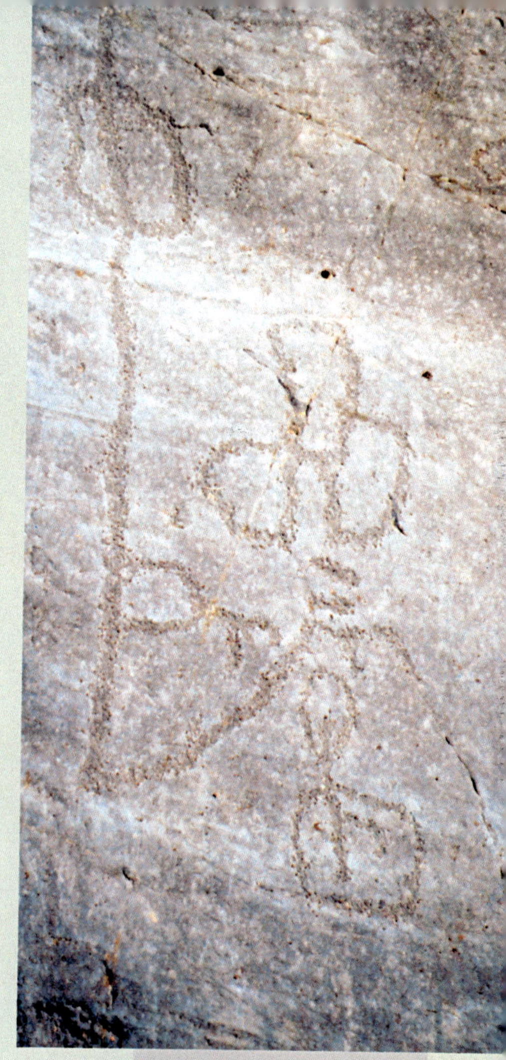

Luine, Boario Terme. Darstellungen unbestimmbarer Bedeutung.

Fels 39/9: Sonnensymbole, Waffen und eine nur teilweise zu identifizierende „Rose von Cammuna". (Bronzezeit).

Fels 30: Auf stark geneigter Fläche finden sich mehrere „Rosen" und einige Hellebarden, die im 3. Jt. v. Chr. entstanden sind.

Fels 35: Die Darstellungen stammen aus der frühen und mittleren Bronzezeit. Hellebarden, schildförmige Gebilde.

Haus? in sehr grober Hammerschlagtechnik

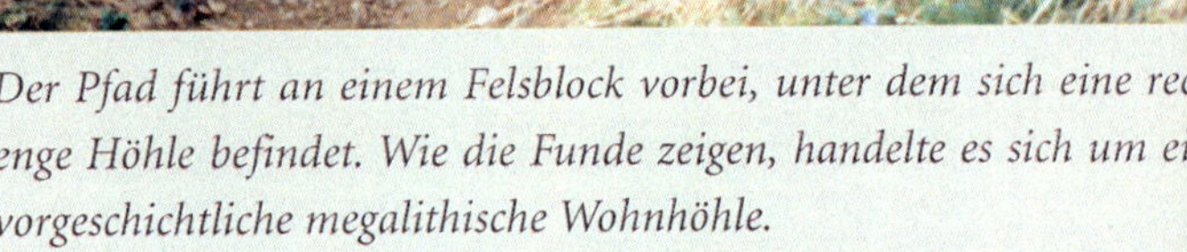

Der Pfad führt an einem Felsblock vorbei, unter dem sich eine rec enge Höhle befindet. Wie die Funde zeigen, handelte es sich um ei vorgeschichtliche megalithische Wohnhöhle.

Der Besucher wechseln nun auf den **Pfad B** über.

Fels 56: Dort finden sich Rechtecke, parallele Linien, Näpfchen und Waffen. Sie alle stammen aus der Bronzezeit.

Fels 57: Hier sieht der Besucher eine große glatte Oberfläche mit schildförmigen Gebilden (2.400 v. Chr.) und parallelen Linien.

Fels 73: Hier sind Hände abgebildet, eine sehr seltene und wohl nur hier vorkommende Darstellung.

Pfad C schließt den Rundgang ab.

Fels 19/20: Zahllose Näpfchen und geometrische Figuren.

Fels 14: Dolche aus dem 3. Jt. v.Chr.

Fels 3/4: Kleine Näpfchen, z.T. verbunden durch feine Linien.

Fels 6: Auf der glatten Oberfläche finden sich hunderte von Darstellungen, die z.T. schlecht erhalten sind. Meist handelt es sich um geometrische Figuren, auch Tiere, Kreise, Hellebarden (letztere im 3. Jt. v. Chr. entstanden). Oben auf dem Felsen befindet sich eine Inschrift in (nord-) etruskischer Sprache, die etwa um 500 v. Chr. entstanden ist. Die Waffendarstellungen sind bronzezeitlich, auch ein Fisch ist zu erkennen. Links finden sich wieder sehr alte Darstellungen aus proto-cammunischer Zeit (Tiere)

Fels 9: Dort ist eine Hellebarde abgebildet, auch ein Fuß ist zu erkennen. Die geometrischen Figuren stammen, wie die Hellebarde, aus dem 3. Jt. v. Chr.

1.11) Corni Freschi

Der Felsen gehört eigentlich noch zu Boario Terme, ist aber von dort ziemlich weit entfernt und nur auf einem längeren Spaziergang zu erreichen. Dort befindet sich nur eine Darstellung, angebracht an der

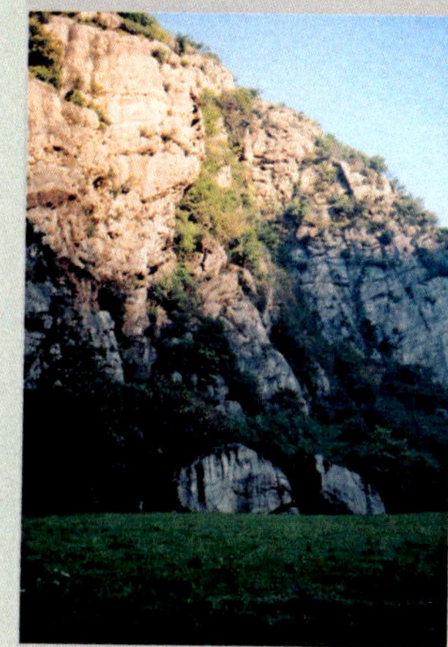

An einem dieser Felsen befindet sich die Gravierung der Hellebarden.

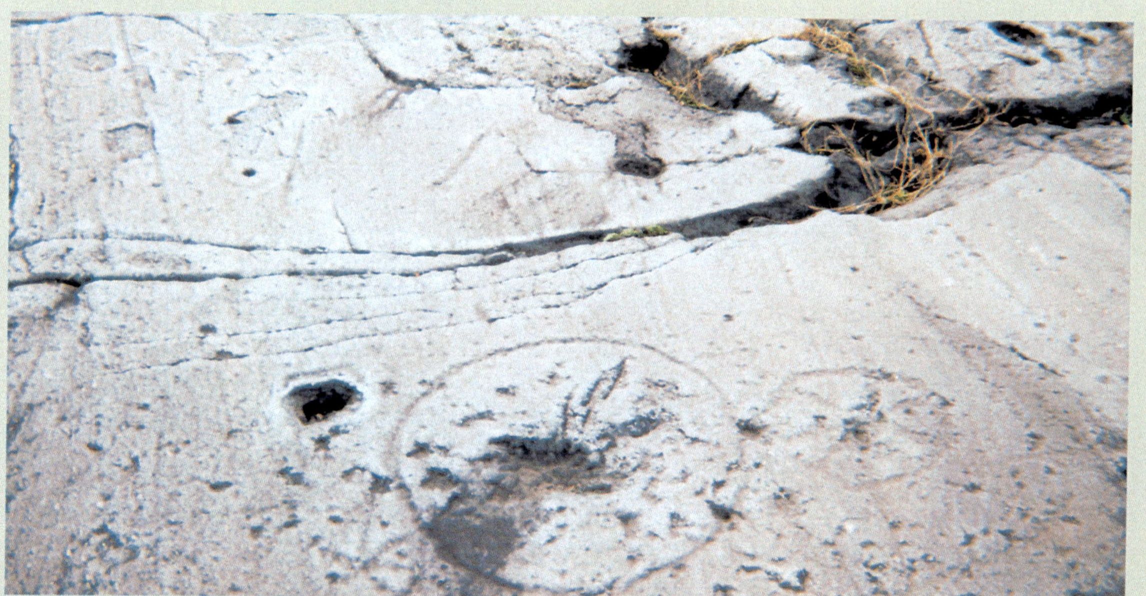

Luine.
Kreisförmige Darstellungen. Rechts die kleinere Figur ähnelt einem Rad mit Speichen. In der Bildmitte die älteste Gravierung des Val Camonica.

Vertikalseite eines erratischen Felsblocks. Trotzdem lohnt sich der relativ weite Weg zum Hügel Monticolo in Montecchio, weil die Darstellung sich in ungewöhnlich gutem Zustand befindet und äußerst eindrucksvoll ist.
Dargestellt sind 9 Hellebarden, die zusammen in einer Komposistion von höchster szenischer Ausdruckskraft angeordnet sind. Sie sind im Chalcolithikum, also um 3.000 v. Chr. geschaffen worden.
Der Weg dorthin beginnt am Bahnhof auf der dem Ort abgewandten Seite. Er führt längere Zeit parallel zu einer stark befahrenen Schnellstraße, bevor er sich durch Wiesen und vorbei an kleineren Baumgruppen windet. Schon zu Anfang des Weges erkennt der Wanderer links im Hintergrund das Archäodrom – eine Rekonstruktion eines neolithischen Dorfes der frühen Cammunen.

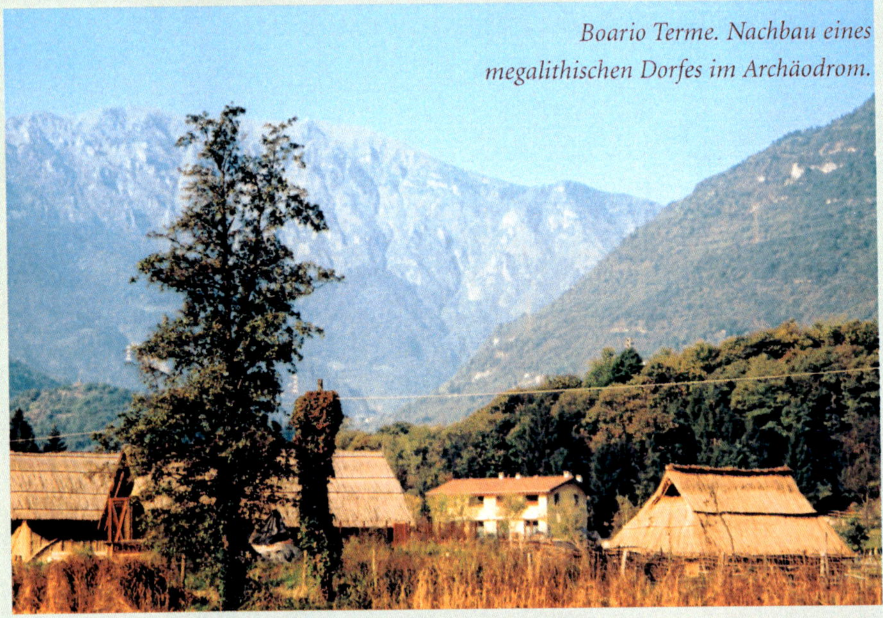

Boario Terme. Nachbau eines megalithischen Dorfes im Archäodrom.

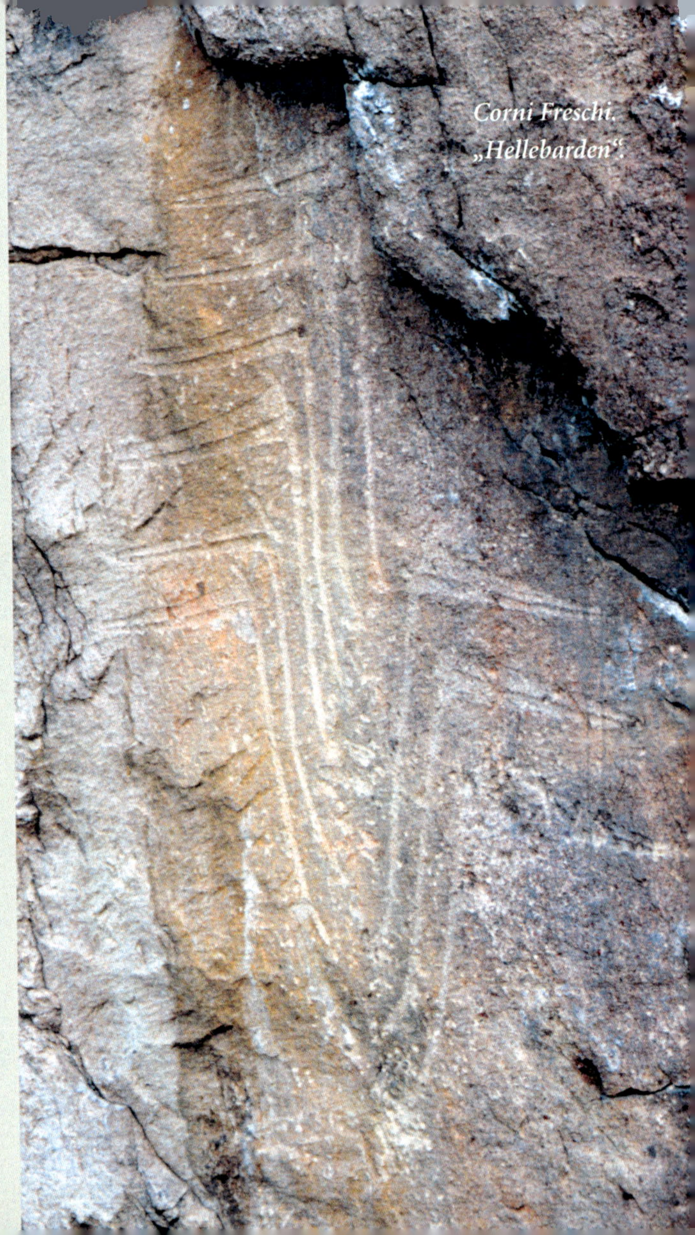

Corni Freschi. „Hellebarden".

Fundstellen in der Schweiz

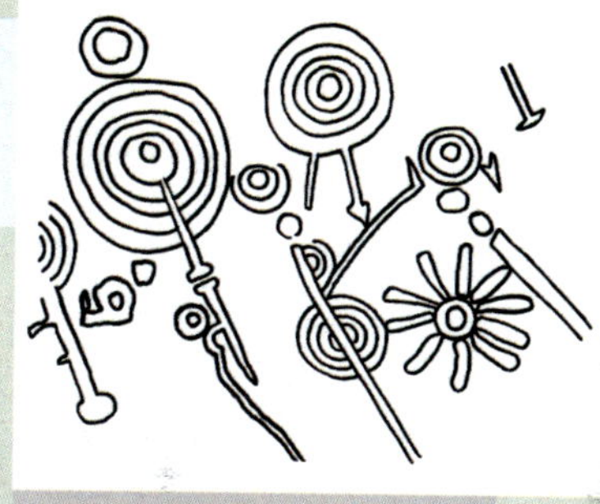

Wenn auch von den in den Alpen vorkommenden Felsbildern sich ca 90% im Val Camonica befinden, sollen gleichwohl die in anderen Regionen gefundenen nicht übersehen werden.
Nicht allzu weit entfernt vom Val Camonica ist in der Schweiz nahe der Via Mala, im Hinterrheintal, im Domleschg bei Sils auf der Alp Carschenna (Kanton Graubünden) ein recht bedeutendes Ensemble von Felsbildern anzutreffen.
Es handelt sich vornehmlich um konzentrische Kreise, von denen viele einen Stiel oder Griff bzw. eine Zugangslinie haben. Sonnensymbole ergänzen das Ensemble. Vermutlich handelt es sich um astronomische Darstellungen (Konstellationen der Gestirne) oder um Kalendersysteme. Weniger wahrscheinlich erscheint eine andere Theorie, nach der es Wellenmuster im Wasser sein sollen.

Eine sehr stark den Darstellungen von Carschenna ähnelndes Bild befindet sich auf einem Stein von Old Berwick-Hill in Nothumberland, Nordengland, 1.250 km von hier entfernt, eine weitere, fast identische Darstellung ist in Lombo da Costa in der Provinz Pontevedra im äußersten Nordwesten Spaniens anzutreffen, 1.550 km von Carschenna entfernt. Welche Schlüsse daraus zu ziehen sind, muss zunächst offen bleiben.

Andere Darstellungen von Carschenna (Tiere, Reiter, eisenzeitlich) ähneln sehr stark den Felsbildern im Val Camonica. Das verwundert nicht, denn mit großer Wahrscheinlich sind die Felszeichnungen von Carschenna von Menschen geschaffen worden, die aus dem Val Camonica in das Gebiet von Carschenna eingewandert waren. Schon bei der ersten Besiedlung der Alpentäler in der Nacheiszeit dürften Kontakte zwischen beiden Regionen entstanden sein, die nie zum Erliegen kamen. Dies zeigen die nahezu identischen Bilder, die in der Eisenzeit im Val Camonica und auf dem Plateau von Carschenna vorkommen.

Darstellungen konzentrischer Kreise kommen praktisch überall in Westeuropa und auch in der Westsahara vor. Am einleuchtendsten erscheint die Theorie, dass Kreise in Verbindung zu einem Astralkult stehen. Hier dürfte es sich um Sonnensymbole handeln.

Fundstellen in Österreich

Der Vollständigkeit halber sollen hier die letzten im Dachsteingebiet geschaffenen Ritzungen nicht unerwähnt bleiben. Es handelt sich um den Namen eines Almbauern, seine Gerätschaften und die Jahreszahl 1799.

Auch in Österreich gibt es Felsbild – „Kunst".
Im Karstgebiet des Toten Gebirges ist zum Ende der Würm-Eiszeit ein Teil des Stubwiesgipfels ins Tal gestürzt. Der Grund des Tals ist seitdem mit einer Masse von Steinblöcken förmlich übersät. Es handelt sich um Kalkstein, dessen Bruchstellen teilweise so glatt sind, dass sie sich hervorragend für das Eingravieren von Bildern eignen. Einige Stellen sind so weich, dass schon mit den Fingern Linien eingeritzt werden können. Viele der Bilder sind unter Überhängen angebracht. Durch die Versinterung sind sie wie durch einen darüber gelegten Film aus Lack geschützt und dadurch der Verwitterung entgangen.

Wahrscheinlich sind die Felsbilder dort erst gegen 750 v. Chr. entstanden. Es handelt sich um geometrische Zeichnungen, die einem Mühlespiel stark ähneln, sog. „Lebensbäume" und schachbrettartige Darstellungen. Auch Reiterabbildungen kommen vor. Bei einer der Gravierungen handelt es sich wahrscheinlich um ein Boot mit einem darauf gesetzten Kreuz. Die Darstellung eines Bootes 1.300 m hoch in den Alpen verwundert einigermaßen. Vielleicht handelt es sich um die Materialisierung der Vorstellung, Verstorbene würden mit Hilfe eines Sonnenbootes ins Jenseits gelangen.

Zwischen 750 und 540 v.Chr. entstanden in einer Höhe von 1.500 m in der schwer zugänglichen, weil abgeschiedenen „Notgasse" am Stoderzinken bei Grobming in der Steiermark im Dachsteingebiet zahlreiche Gravierungen. An einer Schmalstelle befindet sich eine Darstellung des „Weltenbaumes", bei dem der Stamm das Reich der Mitte, also das der Lebenden, darstellt, der obere Bereich das Jenseits und der Wurzelstock die Unterwelt.
Weitere Gravierungen zeigen leiterähnliche Gebilde, das Himmelsrad und Zick-Zack – Linien. Sie lassen sich vielleicht als Flügel eines Fabelwesens deuten. Vielleicht sollte die Vervielfachung der Linien auch andeuten, dass es sich um eine Figur handelt, die gerade fliegt. Eine ähnliche Darstellung befindet sich auf einem der Tragsteine des megalithischen Ganggrabes „Petit Mont" auf der Halbinsel Rhuys in der Bretagne, Frankreich.

Das Blunautal im Golling im Land Salzburg war in der Eiszeit von einem Gletscher bedeckt, auf den ein breiter Versturz großer Steinblöcke erfolgte. Als der Gletscher abschmolz, wurden die Steinblöcke auf dem Talgrund abgelagert. Auf den glatten Vertikalseiten einiger dieser Blöcke haben Menschen zahlreiche Gravierungen hinterlassen.
Es sind pentagrammähnliche Darstellungen, das Siebeneck, das als Symbol für sexuelle Vereinigung angesehen wird und wieder das schon bekannte „Mühlespiel". Auch Jagdszenen kommen vor.

Ein weiteres Felsbildlager am Ofenauer Berg fällt langsam aber sicher einem Zementwerk zum Opfer. Seitlich des Abbaugebietes befinden sich einige Gletschermulden. An ihren steilen Wänden finden sich Felsbilder, deren jüngste erst vor wenigen Jahrhunderten entstanden sind. Es handelt sich um Äxte, Hellebarden und menschliche Figuren wie die Darstellung eines Landsknechts.

Auch im Saalbachtal im Gebiet der Lamprechtshöhlen bis hinauf zur Wallfahrtskirche Maria Kirchental bei Lofer im Land Salzburg, befinden sich – fast immer an sehr versteckten Stellen – Felsbilder (Sexuelle Symbole, Kreuze usw.) Einige liegen sogar unterhalb des natürlichen Staus des dort zu Tal fallenden Wildbachs.

Fundstellen in Deutschland

Auch in Deutschland gibt es im Gebiet rings um den Königssee Felssbilder.
Auf der Gotzenalm ist auf einem Steinblock der schon bekannte Weltenbaum eingraviert. Der Weltenbaum wird als schamanistisches Sinnbild für das Werden und Vergehen gedeutet. Hier ist er erweitert durch zahlreiche Schälchen. Daneben befinden sich geometrische Figuren. Der quer liegende Baum könnte Symbol für das Weltenende sein.
Vermutlich entstanden die Gravierungen gegen 1.000 v. Chr.

Im Rötelmoos bei Ruhpolding befindet sich ein großer, gespaltener Versturzblock. In der Spalte ist es immer feucht, der Fels ist glatt. Die Leute der Umgebung nennen daher den Felsbrocken „Speckkammer". In der Spalte sind zahlreiche Gravierungen auszumachen Zu erkennen sind noch einige Pentagramme und Kreuze.

Viele der Gravierungen sind durch Vandalismus in jüngerer Zeit zerstört worden. Menschen ohne Sinn und Gefühl für den unersetzlichen Wert solcher Kulturgüter haben breitflächig ihre Namen hinzugesetzt.

Fundstellen in Frankreich

Mont Bégo

Weit entfernt vom Königssee und auch vom Val Camonica befindet sich am Mont Bégo in den französischen Seealpen, nördlich von Nizza, ein nur sehr schwer zugängliches Gebiet mit Felsbild – „Kunst", gelegen in einer Höhe von 2.000 bis 2.300 m.
Der Mont Bégo ist 2.872 m hoch, somit befinden sich die Gravierungen nur unwesentlich unterhalb seines Gipfels. Der Berg liegt weit abseits des Passweges von Tende in völliger Verlassenheit und fernab jeder menschlichen Siedlung.
Hier treffen warme, vom Mittelmeer herantriftende Luftmassen auf kalte Winde, die vom Mont Blanc einfallen. Durch diese meteorologischen Gegebenheiten kommt es im Gebiet von Mont Bégo alljährlich zu den stärksten Gewittern, die Europa überhaupt kennt. Der Donner wird von den engen Tälern zurückgeworfen. Es ist, als werde er durch eine riesige Stahlröhre hindurchgejagt. Rings umher zucken Blitze und schlagen Splitter von den erratischen Blöcken, die allenthalben liegen. Wer ein solches Naturerlebnis einmal erfahren hat, wird verstehen, dass die Menschen archaischer Zeiten glaubten, auf dem Mont Bégo – dem Berg der Blitze – wohne der Donnergott, der Blitzeschleuderer.

Seit der Jungsteinzeit sind die Menschen aus ihren weitab gelegenen Siedlungen, vielleicht von Orten, die hunderte von Kilometern entfernt waren, hier heraufgekommen und hinterließen Gravierungen in den Stein. Dazu gehört auch das im Mittelmeerraum weit verbreitete Stiersymbol. Die Ähnlichkeit des Rindergehörns mit den Mondphasen hat möglicherweise dazu geführt, die Hörner mit den Geschehnissen des Nachthimmels zu assoziieren. Sie wurden sehr wahrscheinlich als Symbole für die Himmelsgewalt, gleichzeitig aber auch als Symbole der Fruchtbarkeit, angesehen.
Neben diesen symbolhaften Abbildungen finden sich am Mont Bégo viele weitere Darstellungen, z.B.-dolchähnliche – vielleicht Blitze darstellend – Waffen, Menschen, die wohl geopfert werden sollen, geometrische Figuren, Himmelsleitern. Insgesamt sind es weit über 40.000 Bilder, die zwischen 2.000 und 1.600 v.Chr. entstanden sind.

An der Westseite des Mont Bégo, unter einem Überhang, liegt ein tonnenschwerer Versturzblock, auf dessen Unterseite (!) sich Gravierungen befinden, die eigentlich niemand sehen kann. In mühevoller Arbeit ist es Wissenschaftlern gelungen Abreibungen anzufertigen. Es kamen Waffen und in vielfacher Gestalt das Rindersymbol sowie das Zeichen für Werden und Vergehen zum Vorschein.

51 An anderer Stelle befindet sich die Gravierung „Le sorcier“, der „Zauberer“. Sicherlich ist die Benennung „Zauberer“ unzutreffend. Es dürfte sich um die Darstellung eines Priesters oder einen Schamanen handeln, wie sie in der eiszeitlichen Höhlenkunst Frankreichs vorkommt.

In der Klamm des Gebirgsbachs im „Val des Merveilles“ (Tal der Wunder) liegt zwischen ocker- und rosafarbenen Versturzblöcken ein durch seine grüne Färbung sofort auffallender Block. Er trägt die Gravierung eines Menschen mit rechteckigem Brustkorb und dem Stierhornsymbol, das wie eine Kette an seinem Hals zu hängen scheint. In seinem Kopf steckt ein riesiger Dolch. Er ist sicherlich nicht erst später der Gravierung zugefügt worden. Evtl. war er bereits bereits vorhanden, als die menschliche Figur entstand. Sicherlich gehört die Waffe mit zu der Darstellung, denn im Kopf ist dort, wo der Dolch in ihn einzudringen scheint, deutlich eine Kerbe zu erkennen. Hier sollte also mit sehr hoher Wahrscheinlichkeit eine Tötung dargestellt werden – vielleicht eine kultische Opferhandlung.

Neben der Figur befindet sich eine dreiholmige Leiter, vielleicht Übergangssymbol für den Wechsel vom (mittleren) Bereich des Lebens hinüber zum höheren Bereich des Jenseits. Wir haben hier also eine jener „narrativen“ (erzählenden) Darstellungen, bei denen aus den Bildern vielleicht ein ganzer Handlungsablauf erschlossen werden kann:
An dieser Stelle wird ein Mensch geopfert – oder er ist vielleicht bereits geopfert worden – aber seine Seele wird sich aus dem Bereich des Erdhaften lösen und aufsteigen in eine andere Welt, wo sie für immer fortleben wird.
Es könnte sein, dass die Schöpfer dieser Gravierungen zu den Ligurern gehörten, die damals von der Poebene bis zu den Cevennen siedelten. Gesichert ist diese Annahme allerdings nicht.

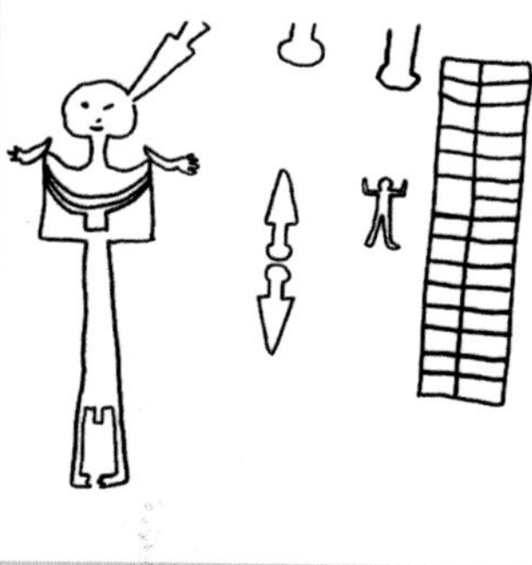

Menschendarstellung im „Val des Merveilles“

Schlußbemerkungen

Wie einleitend ausgeführt, befindet sich – in bescheidenem Rahmen – Felsbildkunst auch in den Abbruzzen, östlich von Genua, sowie im Grenzgebiet zwischen Italien und Slowenien im Karstgebirge. Es handelt sich aber nicht um Stätten, die für Besucherströme hergerichtet sind. Auch sind die Fundstellen weit abgelegen von Siedlungen und nur schwer zu erreichen. Auf eine nähere Beschreibung soll daher hier verzichtet werden.

Abgesehen von den unzähligen Gravierungen des Val Camonica, die sich ja an Orten befinden, die fast jeder Interessierte mühelos aufsuchen kann, befinden sich alle anderen Felsbildstätten hoch oben in den Bergen, weitab von menschlichen Siedlungen, in denkbar weltabgeschiedener Lage. Wenn diese Regionen auch heute noch als „weltabgeschieden" bezeichnet werden müssen, wie weit entfernt und wie abgeschieden müssen sie dann Jahrtausende vor Christi Geburt gewesen sein ?
Die Fundstellen waren nur mit beschwerlichen Wanderungen zu erreichen, begleitet von der steten Gefahr abzustürzen oder vom Blitz erschlagen zu werden oder sich zu verirren und menschliche Ansiedlungen nicht mehr wiederzufinden.

Wieso wählte man so unzugängliche Gebiete für die Gravierungen? Zufall kann das nicht sein. Offenbar haben die Priester oder Schamanen die Orte bestimmt, die sie als „heilig" oder einer „Weihe" würdig ansahen. Dorthin mussten sie die Gläubigen schicken. Die Schwierigkeiten, die diese überwinden mussten, um hinzugelangen, wurden vielleicht sogar bewusst gesucht.

Man wird unwillkürlich an Kirchen des Mittelalters erinnert, die sich zwar bei größeren Ansiedlungen in den Zentren der Städte befanden, auf dem Lande aber oft erst nach mühevoller, viele Kilometer weiter Wanderung zu erreichen waren.
Ein bekanntes Beispiel findet sich in Spanien. Der spanische Nationalheld El Cid wurde, bevor seine Überreste in der Kathedrale von Covalunga beigesetzt wurden, zunächst in einer kleinen romanischen Kirche begraben. Zu dieser Kirche gelangten die Bewohner des nächsten Ortes nur, indem sie durch

Wälder und Wiesen gingen, Senken und andere Hügel überwanden und dabei stets auf der Hut vor Wölfen waren. Vor der Kirche sind seltsame Vertiefungen zu sehen. Dort pflegten die (männlichen) Kirchenbesucher ihre Speere hineinzustecken, die sie wegen der herumstreunenden Wölfe auf dem Weg zur Kirche bei sich zu tragen hatten. Frauen und Kinder konnten ohnehin nur unter dem Schutz der bewaffneten Männer zur Kirche gelangen.

Fragt man sich, warum die Kirche den Menschen so große und auch gefährliche Hindernisse auf ihrem Weg zu manchen Gotteshäusern in den Weg legte, kann die Antwort nur lauten: Die Menschen sollten es nicht zu einfach haben. Sie mussten sich das Gotteswort, dass sie dort zu hören bekamen, im wahrsten Sinne schwer „erarbeiten". Eine derartige Strategie ist in vielen Religionsgemeinschaften üblich. Vielleicht wollte man auf diese Weise die Gläubigen besonders fest „in den Griff" bekommen, indem man von vornherein jedes Auflehnen, jede Kritik oder jedes Hinterfragen unmöglich machte. Wehe allerdings dem, der – aus welchen Gründen auch immer – den weiten und gefahrvollen Weg zur Kirche verweigert hätte. Sehr schnell wäre er schon als Antichrist, Heide oder gar als Teufel gebrandmarkt worden und hätte sein Leben vielleicht auf einem jeder überall lodernden Scheiterhaufen beendet – und das nicht nur in Spanien, sondern auch in vielen anderen Regionen Europas.

So wurden häufig mit Absicht Orte zum Bau von Gotteshäusern gewählt, die sich die Gläubigen erst durch lange, mühevolle und oft auch gefährliche Wege „erarbeiten" mussten.

Ähnliche Gedanken mögen auch die Schamanen der vorchristlichen Zeit bewogen haben, Kultstätten gerade dort einzurichten, wo es erst mühevoller Wege bedurfte, um überhaupt an die betreffenden Stellen zu gelangen.

Vielleicht war der Aufstieg in die Eisregionen der Berge auch eine Art Glaubensbekenntnis. Wer eine solche Anstrengung unternahmen, um seinem Gott nahe zu sein, war glaubensfest. Er bewies es durch das Zurücklegen des langen und mühseligen Weges. Eine solche „Pilgerreise" wiegt doppelt. Schließlich ist es wahrscheinlich auch so gewesen, dass die Menschen nur einmal im Leben – oder jedenfalls nicht ständig – Orte dieser Art aufsuchten um dort ihren Höheren Mächten Wünsche, Gedanken und Hoffnungen vorzutragen.

Allein die Schamanen werden, als Hüter der geheiligten Stätten, in deren näherer Umgebung gehaust haben.

Hier endet nun eine der faszinierendsten Reisen, die man in Europa unternehmen kann – die Reise zu den Felsbildparks.

Literatur

ANATI, Emanuel: Felsbilder, Wiege der Kunst und des Geistes. 1991.

ANATI, Emanuel: Höhlenmalerei. 2002.

BRETEAU, EMMANUEL: Roches de mémoire – 5000 ans d'art rupestre dans les Alpes. 2010.

PRIULI, Ausilio: Felszeichnungen in den Alpen. 1983.

PRIULI, Ausilio: Un Santuario Preistorico a Sonico. Comunitá Montana di Vale Camonica, Breno (BS).

CITTADINI GUALENI, Tiziana: Il Parco di Luine. Comune di Darfo Boario Terme (BS).

DE LUMLEY, HENRY (HRSG.): Le Grandiose et le Sacré. 1995. *(Mont Bégo)*

Durch die Zeiten eingemeißelt – Die Felsbilder des Valcamonica. o. Jg.

EVERS, DIETRICH: Felsbilder in den Alpen. 1981

HELVETIA ARCHAEOLOGICA 28/1997, Nr. 111/112: Felszeichnungen in Graubünden. *(Carschenna)*

PICHLER, WERNER: Zeichen der Vorzeit – Felsbilder in den Alpen. 2011.

Div. Einzelpublikationen der Fremdenverkehrsämter Capo di Ponte u.a.

Bildnachweis

Soweit nicht anders angegeben stammen alle Fotos und Zeichnungen vom Autor, Karten und Zeittafel S. 5, 7, 20, 22 vom Verlag
La Turbie: Wikipedia
Bocca quadrata Gefäß aus Arene Candide, aus: Die illustrierte Weltgeschichte der Archäologie S. 126